dit boek is van: Sara Kapelanović.

DE AVONTUREN VAN ODYSSEUS

Het originele gedicht 'Odyssee' is geschreven door de Griekse dichter Homerus,
voor deze vertelling is de tekst bewerkt door Geronimo Stilton.
Geronimo Stilton is een wereldwijd beschermde merknaam.
Alle namen, karakters en andere items met betrekking tot Geronimo Stilton zijn
het copyright, het handelsmerk en de exclusieve licentie van Atlantyca S.p.A.
Alle rechten voorbehouden.
De morele rechten van de auteur zijn gewaarborgd.
Gebaseerd op een idee van Elisabetta Dami.

Tekst:	Geronimo Stilton
Oorspronkelijke titel:	Le Avventure di Ulisse
Vertaling:	Loes Randazzo
Omslag:	Flavio Ferron
Illustraties:	Claudia Forcelloni, Elisabetta Giulivi, Rosa La Barbera, Danilo Loizedda, Arianna Rea, Roberta Tedeschi, Luca Usai, Concetta Valentino en Danilo Barozzi.
Illustraties stripverhaal:	Tommaso Valsecchi, Andrea Denegri, Christian Aliprandi

© 2009 Edizioni Piemme S.p.A, Via Tiziano 32, 20145 Milan, Italië
www.geronimostilton.com
© Internationale rechten: © Atlantyca S.p.A., via Leopardi 8 - 20123 Milaan,
Italië - foreignrights@atlantyca.it - www.atlantyca.com
© 2010 Nederland: bv De Wakkere Muis, Amsterdam
www.dewakkeremuis.nl - ISBN 978-90-8592-102-8
© 2010 België: Baeckens Books bvba, Uitgeverij Bakermat, Mechelen
978-90-5461-496-8   D/2010/6186/13   www.baeckensbooks.be
NUR 282/283

Stilton is de naam van een bekende Engelse kaas. Het is een geregistreerde
merknaam van The Stilton Cheese Makers' Association. Wil je meer informatie,
ga dan naar www.stiltoncheese.com

Druk: Drukkerij Slinger, Alkmaar, Nederland

Geronimo Stilton

DE AVONTUREN VAN ODYSSEUS

HET BEGON ZO...

Ik wist niet hoe vaak ik het al had gezegd: 'Mijn naam is Stilton! *Geronimo Stilton!* Uitgever van *De Wakkere Muis,* de **MEEST** gelezen krant van Muizeneiland!'

Aan de andere kant van de lijn waren alleen maar **KRAAKGELUIDEN** te horen. Wie kon dat zijn? Vanaf het moment dat ik was aangekomen op kantoor had ik al... O, sorry, ik heb me weer eens niet voorgesteld: mijn naam is *Stilton, Ger*... O ja, jullie hebben natuurlijk meegeluisterd, toch? Afijn, zoals ik al zei, vanaf het moment dat

ik binnen was gekomen had ik van dit soort
BIZARRE telefoontjes gehad. Iemand
belde me, maar ik kon er geen snars van verstaan. Ik verloor bijna mijn **GEDULD!**
Gelukkig kwam op dat moment mijn neefje
Benjamin binnen, samen met zijn vriendin-
netje Pandora.

'Benjamin! Pandora! Wat leuk! Wat komen
jullie doen?'

'Hoi, oom G, we komen net uit school! We
wilden weten of jij ODYSSEUS kent!'
antwoordden de muisjes.

Ik keek niet al te MUIZENSNUGGER.

'Odysseus, zeg je? Eh, ja, die ken ik, dat is de
beste...'

'...KAASKNAGER van heel Rokford!
Van heel Muizeneiland zelfs!' hoorde ik een
bekende stem brullen. Het was mijn neef, de

smulmuis Klem! 'Ik ben
net in zijn KAAS-
WINKEL geweest en
heb hele lekkere kaasjes
gekocht! Wat een man,
eh muis! Hij wist op al
mijn vragen antwoord en
had **ALLES** op voor-

ODYSSEUS, DE KAASVER-
KOPER VAN ROKFORD!

raad! Ik heb trouwens

jouw creditcard gebruikt
Geronimo! Vind je toch niet erg,
hè?'
Ik wilde eigenlijk zeggen dat
Benjamin en Pandora vast die
Odysseus niet bedoelden...
'Wat zeg je me nu? Je hebt
MIJN creditcard gebruikt,
Klem?'

'Rustig aan, neef, niet de gierigaard uithangen!
Als je lief bent krijg je misschien ook een stukje
KAASTAART, een heel klein stukje maar
hoor, anders zet Patty je straks op dieet!'
Van pure wanhoop wilde ik mijn snorharen
wel uitrukken, maar Benjamin en Pandora
vroegen: 'Wat wilde je zeggen, oom? Ken jij het
verhaal van Odysseus?'
Op dat moment ging de telefoon: 'Hallo?'
Er kwam geen antwoord.
Ik drukte de hoorn stevig tegen mijn oor, en
opeens hoorde ik iemand tetteren...

'KLEINZOON!'

Dat was dus **opa Wervelwind!** Van schrik
verloor ik mijn evenwicht en raakte verstrikt in
de TELEFOONKABEL, rondom het stand-
beeld van mijn opa nota bene!

'Aan het werk jij! Je hebt een uitgeverij te run-
nen! Mijn uitgeverij! Waar wacht je nog op?
Maar zeg me, w@t d@e je d@@r @p de gr@nd?'
Terwijl ik me afvroeg hoe hij dat kon weten,
draaide ik me om en zag hem staan: vlak achter
me!
'Kleinzoon! Ik hoorde je wel. Je had het over
ODYSSEUS. Ga jij maar weer aan het

werk, ik help Benjamin
en Pandora wel!
Jullie moeten weten
dat het hier gaat over
een hele **moedige**
en trouwe man,
eh muis! Een kam-
pioen, eenzaam
aan de top.'
Daar had opa

helemaal gelijk in, zijn beschrijving klopte, totdat…

'Hij was de beste GOLFER ooit! Jammer dat hij ermee opgehouden is! Af en toe slaan we samen nog wel eens een balletje. Vroeg of laat lukt het me hem te verslaan!'

ODYSSEUS, DE GOLFKAMPIOEN!

Mijn snuit viel OPEN.

Ik wist zeker dat dit niet de Odysseus was die Benjamin en Pandora bedoelden. Maar ze zeiden niets, waarschijnlijk om opa niet teleur te stellen!

Ik krabbelde overeind, schudde mijn vacht uit en liep naar Benjamin en Pandora toe om hen te vertellen wie de echte Odysseus was, toen een hevig GEDONDER mijn aandacht trok.

Vreemd! Buiten scheen de zon, geen wolkje aan de lucht... Vreemd! Het gedonder kwam dichterbij, mijn snorharen trilden van angst. Heel vreemd! Wat kon dat nu zijn?

De deur van mijn kantoor sloeg met een enorme knal open en een kaasgele **MOTOR** kwam op volle snelheid binnenscheuren.

De motor kwam op het puntje van mijn staart tot **STILSTAND!**

Hallo, broertje!

De knaagster achter het stuur zette haar helm
af: het was mijn zus **Thea!**

'Hallo, broertje! Ben je niet blij me te zien?'

'Ja… maar ik zou nog blijer zijn als je niet op
het p u n t j e van mijn staart parkeerde!' antwoordde ik. 'En als je het niet erg vindt, ga ik
nu het verhaal van **ODYSSEUS** vertellen!'

'Odysseus?' vroeg Thea. 'De knager die geen
angst kent, die Odysseus? De *AVONTU-
RIER!* Jammer dat het tussen
ons niets is geworden!'

Over wie had Thea het in
knagersnaam?

Thea zuchtte: 'Odysseus, een
van mijn exen! We hebben
elkaar leren kennen tijdens
een **SNOWKITE**
wedstrijd! Snowkite is als

**ODYSSEUS,
DE EX VAN THEA**

* Als je wilt weten hoe dat zit, ga dan snel naar pag. 192.

snowboarden maar dan andersom! Ze binden je vast aan een mega-macro vlieger en dan...'

'*Gi-ga-geitenkaas!*' brulde ik ongeduldig. 'Dat is niet de Odysseus die zij bedoelen! Ze willen het verhaal horen over de ODYSSEE van Odysseus van Ithaca. Ik wil niet opscheppen, maar ik kan jullie zeggen dat ik er **zelf** bij was!*

Ik voelde alle OGEN van de gehele redactie op me gericht. Misschien had ik teveel gezegd maar ik kon nu niet meer terug, anders sloeg ik een **MODDER-MUIZEN-FIGUUR!** Er zat maar een ding op: het verhaal vertellen over mijn avontuur samen met Odysseus!

Ik sprong op het bureau, zette de PRULLEN-BAK op mijn kop alsof het een echte Griekse helm was, stak de MEETLAT naar voren als een heus zwaard en begon te vertellen.

Ik leef me altijd graag in mijn rol in, zoals grote **acteurs** ook doen!

Dat helpt me over mijn *verlegenheid* heen!

Toen ik uitverteld was kreeg ik van iedereen **complimentjes,** zelfs van opa Wervelwind.

Wie had dat gedacht?

Benjamin en Pandora wisten nu wie Odysseus was en hadden nog wel *urenlang* verhalen willen horen over zijn avonturen. Klem was zo onder de indruk van mijn verhaal dat hij zonder het zelf in de gaten te hebben alle **KAAS** had opgeknabbeld. Hij had toch tenminste een klein stukje voor me kunnen bewaren?

Ook Thea was **stil**. Ze stelde zich voor hoe het was om een Cycloop als Polyphemus tegen het lijf te lopen. Of op zee terecht te komen in **NOODWEER**, opgewekt door een boze Poseidon! Brrr… niet aan denken, mijn snorharen **trillen** van angst!
Ze vroeg me of ik niet een

ODYSSEUS

Odysseus, spreek uit Odissuis, was een Griekse held ten tijde van de Trojaanse Oorlog. In die oorlog vochten de Grieken (ook wel 'Achaeërs' genoemd) tegen de inwoners van de stad Troje, de Trojanen. Niemand weet of het werkelijk is gebeurd, maar het is in ieder geval een wereldberoemd verhaal. Het is waarschijnlijk dat een verhalenverteller met de naam Homerus (zie verderop) er ook over sprak. Zijn verhalen werden door anderen opgeschreven in twee boeken. De Trojaanse oorlog wordt beschreven in wat later het boek de Ilias werd (Ilion is een andere naam voor Troje). Daarin staat ook het verhaal over de list die Odysseus bedacht met het Paard van Troje en de overwinning van de Grieken, die er op volgde. Het andere boek, de Odyssee, gaat over Odysseus' terugtocht naar huis (naar het eiland Ithaca). Een reis die meer dan tien jaar duurde…

b o e k wilde schrijven over de avonturen van Odysseus en dat leek me een goed idee, een muizenissig *goed idee* zelfs! Waarom had ik daar nooit eerder aan gedacht? Hé, wacht eens even... Natuurlijk! Ik was daar wel eerder opgekomen! Sterker nog, ik had het al half geschreven en de drukker zat nog steeds te wachten op het manuscript. Nu wist ik ook wie mij de hele tijd probeerde te bellen! Dat was NIEK MECHANIEK, die werkt bij de drukkerij van *De Wakkere Muis.* Hij hoort niet al te best, zijn oren zitten vol met SMEERKAAS!

En zo kwam het dat ik het boek dat nu voor je ligt af ging maken. Na nachtenlang

PLOETEREN was het eindelijk klaar. Ik was muizentrots! Ben je nieuwsgierig geworden? Blader dan snel door en beleef zij aan zij met ODYSSEUS de meest fantastische avonturen!

Het verhaal kan beginnen!

HOMERUS

Over Homerus is maar heel weinig bekend. Hij zou hebben geleefd van ca. 800 tot 750 v. C., maar niemand weet zeker waar hij precies werd geboren. Er wordt gezegd dat hij blind was. Er wordt ook gezegd dat hij de bedenker was van de Ilias en de Odyssee, twee wereldberoemde gedichten over de Trojaanse Oorlog, en de Avonturen van Odysseus, maar niets van dit alles is met 100% zekerheid te zeggen. Het staat zelfs niet helemaal vast of Homerus wel echt heeft bestaan! Kortom, hij is en blijft een raadselachtige figuur...

Dit is het verhaal van Odysseus, een koning, een held die door een list de Trojaanse Oorlog wist te winnen en daarna op weg ging naar huis. Naar zijn paleis op Ithaca, waar zijn jonge vrouw Penelope en zijn zoon Telemachus op hem wachtten. Terwijl de andere aanvoerders allemaal al lang thuis waren, zwierf Odysseus tien jaar over land en over zee. De woede van Poseidon, de god van de zee, keerde zich tegen hem.

In dit boek lees je alles over zijn avontuurlijke reizen en de vele uitdagingen waarvoor hij kwam te staan. Over goden en monsters die zijn thuisreis bemoeilijkten. Over rivalen die hem wilden onttronen tijdens zijn afwezigheid. Maar dit is vooral een verhaal over moed en doorzettingsvermogen, de eigenschappen waardoor Odysseus uiteindelijk zijn doel wist te bereiken.

Op de berg
Olympus

Op de berg Olympus, waar de goden woonden, was iedereen in rep en roer. Alle goden stonden in een kring rondom de oppergod ZEUS; behalve POSEIDON, de god van de zee. Die was naar een feestje en dat kwam Athene, de godin van de wijsheid en de lievelingsdochter van Zeus, prima uit. Nu kon ze het mooi even hebben over het lot van de Griekse krijgers die de TROJAANSE OORLOG hadden gewonnen. In het bijzonder over ODYSSEUS. Ze had een zwak voor hem en juist hij moest na al die tijd nog rond –

zwerven, terwijl de meeste krijgers al lang weer thuis waren. Odysseus woonde niet alleen in een schitterend paleis op Ithaca, maar hij was bovendien de koning van dit eiland.

Athene begon **OPGEWONDEN:** 'Vader, Odysseus probeert al tien jaar terug te keren naar zijn vrouw Penelope en zijn zoon Telemachus, maar hij dobbert nog steeds op zee... kunnen we hem niet helpen?'

Zeus dacht **diep** na en antwoordde: 'Je hebt gelijk. Poseidon is nog steeds boos op hem en laat hem al die tijd van **Hot Naar Her** varen! Maar hij is er vandaag niet en misschien is dit een mooi moment om Odysseus te helpen. Athene, ga jij maar naar Ithaca!'

Athene **daalde neer** op het eiland. In het paleis

van Odysseus liep een hele horde ongemanierde vrijermuizen rond die zich in de feestzaal **volpropten** met de heerlijkste gerechten. Ze wachtten op het moment dat koningin Penelope zou inzien dat ODYSSEUS nooit meer terugkwam en met een van hen zou trouwen. Die vrijer kreeg dan niet alleen de mooie Penelope als bruid, maar zou ook *koning* van het eiland worden.

Maar Penelope had een **LIST** bedacht om de aanbidders aan het lijntje te houden. Ze beloofde dat ze een van de vrijers zou trouwen als ze het rouwkleed, waaraan ze werkte, klaar had. Overdag weefde ze ijverig, maar **'s nachts** trok ze stiekem alles weer uit. En zo kwam het kleed nooit af...

Voordat Athene naar Telemachus toeging,
vermomde ze zich als Mentes, een oude vriend
van Odysseus. Zodra Telemachus de nieuwe gast
zag vroeg hij hem *vriendelijk* binnen te
komen. Hij informeerde meteen of Mentes misschien iets had gehoord over zijn vader.
Athene *verdraaide* haar stem en stelde hem
gerust:
'Het gerucht gaat dat ODYSSEUS nog leeft!
Maar zijn terugtocht is vol HINDERNISSEN,
veroorzaakt door iemand die niet wil dat hij
thuis aankomt! Ik geef je een goede raad, jongemuis: roep morgen het volk bijeen en vertel ze
dat je op ZOEK gaat naar je vader. Ga dan
naar Nestor, die heeft met je vader gevochten in
de TROJAANSE OORLOG, misschien
heeft hij nieuws! En als ik jou was zou ik eerst
die hele meute vrijers eruit smijten!'

DE OUDE NESTOR

De volgende dag liet Telemachus de **oudste** en wijste knagers bij elkaar roepen. De voorzitter van de raad vroeg: 'Het is lang geleden dat de raad vergaderde. Wie heeft ons laten komen?'

Telemachus stond op. 'Dat was ik! Mijn vader, de koning van Ithaca, is lang geleden **VERTROKKEN** en nog steeds niet teruggekomen. Ons huis zit vol ongemanierde vrijers die met mijn moeder willen trouwen en ondertussen onze voorraden **opknagen.** Ik wil weten of mijn vader nog leeft! Ik heb een boot

met bemuizing nodig om naar Pylus
te varen, naar de **oude** Nestor.
Misschien dat hij iets weet!'
Er ontstond een enorm
TUMULT.
Er waren veel vrijers en vaders van
vrijers aanwezig. Ze protesteerden
en beschuldigden Penelope van
verraad, want ze hadden haar
LIST met het kleed doorzien.
Telemachus was het zat en riep dat iedereen
RATTENROP het paleis moest verlaten!
Uiteindelijk leende zijn goede vriend Mentor
hem een schip met bemuizing.
Athene was ondertussen, vermomd als Telema-
chus, op pad gegaan en had een aantal van zijn
vrienden gevraagd mee te *varen* naar Pylus,
waar Nestor regeerde.

Die avond stonden de **moedigste** knagers van Ithaca te wachten om samen met Telemachus uit te varen.

Nadat de zeilen waren gehesen kozen ze het ruime sop. De hele nacht trotseerde het schip de hoge golven en de volgende ochtend kregen ze Pylus in zicht.

Athene, die mee was gekomen in de gedaante van Mentor, wees Telemachus Nestor aan in de menigte die op het strand een offerfeest vierde, en verdween daarna in het niets.

Nestor ontving hem *vriendelijk* en gastvrij. Hij bood hem eten en drinken aan, en vroeg hem wat hij kwam doen. Telemachus vertelde hem dat zijn vader Odysseus lang geleden ten strijde was getrokken tegen Troje en niet meer was teruggekeerd.

'Ja, ik kende je vader goed. Je **kracht** en je

trekken doen me aan hem denken! Odysseus
was een groot krijger, sterk en sluw!'
Telemachus GLIMLACHTE trots en Nestor
vertelde verder: 'Helaas, ik weet ook niet waar
hij is. Ik heb gezien dat hij met zijn vloot Troje
verliet, maar waar hij heen ging...'
Telemachus schrok, hij had op beter nieuws
gehoopt.
'Ik weet niet hoe ik je kan helpen, laten we
gaan slapen, ik ben moe. Als ik uitgerust ben
kan ik beter nadenken!'
De volgende **ochtend** bood Nestor hem paar-
den, een wagen en zijn zoon Pisistratus aan
om hem naar koning Menelaüs op Sparta te
begeleiden. Die wist misschien meer, want het
was zijn vrouw, de Mooie Helena, om wie
de oorlog met de Trojanen was uitgebroken.
En zo vertrok het hele gezelschap te paard.

JE VADER WAS
EEN HELD

Telemachus en Pisistratus kwamen in
galop aan bij het paleis van Menelaüs.
Het paleis was *feestelijk* versierd, want de
dochter van de koning ging trouwen.
De nieuwkomers werden van harte uitgenodigd
op het feest. Aan tafel werd Telemachus
gevraagd of hij iets over zichzelf wilde vertellen, en dat deed hij. Over zijn vader die nog
steeds niet terug was, over zijn moeder die met
moeite de vele aanbidders aan het lijntje
wist te houden, en over hoe hij nu van
Menelaüs hoopte meer te horen over het lot
van zijn vader.

Helaas, ook Menelaüs was zijn vader al snel na het einde van de oorlog uit het **OOG** verloren. De oorlog die was begonnen om Helena. Koningin Helena! Haar **SCHOONHEID** was de aanleiding geweest tot de Trojaanse Oorlog. Op een dag werd ze geschaakt en ontvoerd door prins Paris van Troje. De Achaeërs (dat is een ander woord voor "Grieken"), het volk van ODYSSEUS, hadden meegevochten om Helena te bevrijden en de eer van Menelaüs te wreken. En het was dankzij een *LiST* van Odysseus dat de Achaeërs de Trojanen uiteindelijk wisten te overmeestermuizen!

Menelaüs vertelde: 'In het kort kwam het hierop neer: na tien jaar OORLOG waren de Achaeërs er nog steeds niet in geslaagd binnen de muren van Troje te komen. Ontmoedigd konden ze niets anders doen dan zich terugtrekken. Maar op dat moment kreeg Odysseus het idee om een *gi-ga-groot* houten paard te bouwen, en de vijand daarmee om de tuin te leiden.

Dat was een **geniale** vondst! Odysseus verstopte zich er samen met de heldhaftigste krijgers in terwijl de rest de aftocht blies. Toen de Trojanen wakker werden was het vijandelijke kamp op het strand ontruimd, daar stond alleen nog een HOUTEN PAARD. Ze dachten dat het misschien een cadeau was van de Grieken, om de goden gunstig te stemmen.

Ze trokken het paard naar binnen en...'

Helena viel hem in de rede: 'Ik had meteen door dat het een list was! Toen het paard eenmaal binnen was gilde ik naar de krijgers

dat ze naar buiten moesten komen...'
Menelaüs vertelde verder: 'Toen ze de stem van
Helena hoorden wilden ze zo snel mogelijk
naar buiten **STORMEN,** maar Odysseus
overtuigde hen ervan om tot de avond te wachten. En dat was een wijs besluit. In het **donker**
wisten ze de slapende Trojanen te **verrassen**
en zo hebben we gewonnen!'
Telemachus vatte moed en vroeg: 'Maar toen...
ik hoorde dat mijn vader met zijn vloot vertrok,
klopt dat? Wat gebeurde er toen? Weet u misschien of mijn vader nog *leeft?'*
Menelaüs streek door zijn haar, dacht na en zei:
'Een tijdje geleden hoorde ik van Proteus de
zeegod, dat Odysseus gevangen zat op Ogygia,
het eiland van de halfgodin Calypso...
Maar de Odysseus die ik ken, zal vast weten te
ontsnappen.'

Toch **SCHROK** Telemachus: zijn vader zat gevangen!

'Misschien is hij al terug op Ithaca, ik zou maar snel naar huis gaan!' luidde het advies dat Menelaüs hem gaf.

Telemachus en Pisistratus bleven die nacht in het paleis slapen. Nu ja, slapen, Telemachus deed geen **OOG** dicht, zo opgewonden was hij. De zon kwam nog maar net op of ze vertrokken al, terug naar Ithaca.

Samenzwering!

Ondertussen ging het nieuws over het **VERTREK** van Telemachus op Ithaca van snuit tot snuit. Vooral de vrijers waren verontrust.

Stel je voor dat Telemachus versterking haalde om hen echt uit het paleis te verjagen, zoals hij had gedreigd…

Antinoös, hun aanvoerder, verzamelde hen om zich heen en zei: 'We moeten voorkomen dat Telemachus terugkomt naar huis! Zie dat jullie een snel schip krijgen en zorg ervoor dat hij bij terugkeer de haven Niet haalt!'

Een *trouwe* bediende hoorde toevallig het hele
plan van de vrijers en rende rattenrap naar
Penelope om haar alles te vertellen.
Bij de gedachte dat ze na haar man ook nog
haar zoon zou verliezen, raakte Penelope helemaal **overstuur** en ze huilde tot ze van
vermoeidheid in een onrustige slaap viel.
In haar slaap verscheen Athene, die zichzelf als
de zus van Penelope had vermomd: Iphtime.
'Wees gerust, Penelope, ik verzeker je dat
Telemachus heelhuids thuiskomt!'
In haar slaap glimlachte Penelope en droomde
toen rustig verder.

Een goede raad voor Telemachus

ntussen waren de goden op de Olympus weer bij elkaar gekomen. En opnieuw ging de **discussie** over het lot van Odysseus.

Athene begon opgewonden: 'Ik ben er gaan kijken! Het paleis van Ithaca zit vol arrogante vrijerknagers die naar de koningin en de troon **LONKEN.** Ze schenden alle regels van de gastvrijheid, vreten zich vol en **breken** de hele tent af. We moeten onmiddellijk ingrijpen!'

Zeus antwoordde kalm: 'Maar Athene, je wist toch dat Odysseus niet één, twee, drie thuis zou zijn...'

Athene hield haar poot stijf: 'Ja, vader, maar dit is te veel! De vrijers beramen zelfs een **AANSLAG** op zijn zoon Telemachus!'

Zeus wreef zich over zijn voorhoofd en zei: 'Tja, als dat zo is... Goed dan, Athene! Ik stuur **HERMES,** onze boodschapper, naar Ogygia, met het bevel aan Calypso om ODYSSEUS niet langer op haar eiland gevangen te houden. Maar dat gedoe met Telemachus moet je zelf oplossen, doe wat je het beste lijkt!'

Zodoende bond Hermes, de

boodschapper van de goden, zijn sandalen met vleugels onder en vertrok, *snel als de wind.*
Athene bekommerde zich om Telemachus en de vrijers.

Ze veranderde zichzelf opnieuw, dit keer in Mentor, en verscheen aan Telemachus op het schip. Ze fluisterde: 'Pas op bij je thuiskomst, Telemachus... je zult voor onverwachte hindernissen komen te staan! En als je eenmaal op Ithaca bent, ga dan niet naar het paleis...'
Telemachus was verbaasd maar beloofde deze **waarschuwingen** ter harte te nemen.

Nu de jonge knager van het GEVAAR op de hoogte was kon Athene Odysseus gaan redden. Het moment was aangebroken, eindelijk! Ze ging hem helpen!

WAAR IS
ODYSSEUS?

erwijl Telemachus op Ithaca aankwam, maakte ODYSSEUS zich gereed het eiland van de halfgodin Calypso te verlaten. Zeven **lange** jaren had ze hem gevangen gehouden. Hij was hier drie jaar na zijn vertrek uit Troje beland. Maar nu waren Hermes en Athene hem komen helpen en kon hij eindelijk naar huis.

De nimf Calypso was **ONTROOSTBAAR,** want ze was hopeloos verliefd. Odysseus vertrok op een door hen samen gemaakt **VLOT;** gelukkig wist hij niet wat hem allemaal nog te

wachten stond, voor hij op Ithaca zou aankomen!

Zijn reis verliep in het begin redelijk **rustig,**
met een gunstige wind dit keer. Hoe vaak was
het niet de wind geweest die gezorgd had voor
zijn tegenspoed, en hem in de verkeerde
RICHTING had geblazen. Dat kon bijna
geen toeval meer zijn. Maar na een paar uur
kwam Odysseus de zeegod Poseidon tegen en
die liet boos een hevig onweer boven hem losbarsten. De woedende golven smeten
Odysseus steeds harder en verder neer, totdat
zijn vlot als luciferhoutjes **uit elkaar spatte.**
Uitgeput en niet meer in staat om tegen de
golven te vechten liet Odysseus zich in het
water zakken. Hij had geen *draad* meer aan
zijn knagerslijf! Hij werd met de stroom mee-
gevoerd, tot hij op een onbekend strand aan-

spoelde. Hij was buiten adem, gewond en…
naakt. In de verte hoorde hij stemmen,
muizinnenstemmen.

Hij probeerde op te staan en erheen te lopen
maar zijn kop tolde. Hij deed een paar stappen en viel onder een olijfboom neer.

Toen er iemand naar hem toe-
kwam bedekte hij zich snel met
bladeren. Het was een *mooie*
muizin die hem met een zachte
stem vroeg: 'Wie ben je,
vreemdeling? Waar
kom je vandaan? Je bent hier aan-
gespoeld, wat is er gebeurd?' Ze
zag hoe hij er aan toe was en kreeg
MEDELIJDEN.

Ze heette hem welkom op het eiland van
de Phaeaken en beval haar dienaressen de

SCHIPBREUKELING een schone tuniek te brengen. Daarna nodigde ze hem uit om naar het paleis te komen. 'Daar kun je mijn vader en moeder ontmoeten, de koning en koningin van dit eiland. Het zijn vriendelijke knagers, ze zullen je met plezier ontvangen en je onderdak bieden tot je weer op krachten bent gekomen!'

'Maar waar ben ik? En wie ben jij, een godin?' vroeg Odysseus nog steeds **verward.**

De knagerin glimlachte. 'Ik ben Nausicaä, prinses van de Phaeaken! Je bent op het eiland Scheria. Iedereen die hier aanlegt, wordt gastvrij onthaald!'

Odysseus keek haar aan. 'Scheria! Dus hier heeft het noodweer me naartoe gebracht!'

De prinses moest terug naar het paleis, maar Odysseus wilde zich eerst wassen en fatsoenlijk

aankleden voor hij de koning zou ontmoeten.
De prinses vertelde hem **HOE** hij bij het
paleis kon komen en liet hem alleen achter.
Niet heel veel later klopte hij aan de poort en
werd hij gastvrij ontvangen, precies zoals de
prinses had gezegd.

De Phaeaken waren een *vriendelijk* en
gelukkig volk van zeemuizen en handels-
knagers, die oprecht en moedig waren! Ze
waren de favoriete knagers
van Poseidon, de god van
ZEE EN WATER, en dat
leverde hun vruchtbare
grond op, met volle
fruitbomen en rijk
begroeide wijnranken.
Hij werd door koning
Alcinoüs en koningin

ARETE persoonlijk ontvangen. Alcinoüs
stond bekend als een zeer vriendelijke muis. Er
had nog nooit een gast geklaagd, integendeel!
Alcinoüs en Arete lieten grote hoeveelheden
voedsel en drank aanrukken. ODYSSEUS nam
het dankbaar aan, hij had al dagen niet
GEGETEN! Na het eten zei hij: 'Ik weet
niet hoe ik u kan danken! U weet niet eens wie
ik ben en toch behandelt u me als een koning.
Ik zal uw *vriendelijkheid* nooit vergeten!'
Alcinoüs *glimlachte* vriendelijk.
'Vreemdeling, je bent welkom! Ik weet niet wat
je hierheen bracht, maar morgen zullen we een
banket organiseren. Ter ere van jou! Dan kun
je ons je verhaal vertellen!'

Mijn verhaal...

De volgende dag, in het paleis van de Phaeaken, waren dienaren en dienaressen druk in de weer om een overvloedig banket voor te bereiden ter ere van Odysseus. Het koningspaar nodigde hun **BESTE** vrienden uit voor wat een onvergetelijke avond zou worden. Iedereen was benieuwd naar de vreemdeling die vast spannende verhalen wist te vertellen over al zijn avonturen.

Het buffet werd geopend. Een buffet met VERGULDE borden en bekers, alsof de goden zelf feest vierden.

De koning had de blinde Demodocos uitgenodigd, dit was de beste minstreel van het hele
eiland. Hij ZØNG over oorlogen en andere
avonturen en begeleidde zichzelf daarbij op de
citer, zijn geliefde snaarinstrument.

Die avond begon Demodocos te zingen over
beroemde koningen en hun AVONTUREN
en eindigde hij met een lied over de Trojaanse
Oorlog.

Hij zong over de vele koningen en prinsen die
om de hand van de *mooie* Helena streden. Hij
zong over Helena die werd geschaakt. Hij zong
over het begin van de TROJAANSE
OORLOG die daarop volgde. Hij zong over
de dappere Odysseus die ervoor zorgde dat de
Trojanen werden overwonnen. Hij zong over
de LIST met het paard...

Toen Odysseus dit alles hoorde was hij tot

TRANEN toe geroerd. Hij was een stoere knager, maar niet bang om te laten zien dat hij werd overmand door heimwee naar zijn vrienden en naar huis.

Alcinoüs zag de reactie van Odysseus op het lied en VROEG: 'Vreemdeling, is het de stem van Demodocos die je ontroert of zijn het de herinneringen? Ken je soms een van deze dappere krijgers?'

Met zijn ogen vol tranen, keek Odysseus naar de koning en zei TROTS: 'Zo is het! Het zijn de herinneringen... Aan de avonturen, maar ook aan de vele vrienden die ik daarbij verloor. Ik ken dit verhaal goed...

...IK WAS ER ZELF BIJ!'

Alcinoüs had deze reactie niet verwacht. Hij besloot dat het beter was om het moment waarop ODYSSEUS zijn verhaal zou vertellen even uit te stellen, hij keek zo verdrietig. Eerst moest de boel een beetje OPGEVROLIJKT worden!

WIE BEN JE, VREEMDELING?

Alcinoüs klapte in zijn **POTEN** en kondigde aan: 'Vrienden en vriendinnen! We hebben gegeten en gedronken, nu kan ons lichaam wel wat **beweging** gebruiken! Tijd voor een wedstrijdje! Als we terugkomen in het paleis, zal onze **gast** ons zijn verhaal vertellen. Maar nu eerst… naar buiten!'

De gasten gingen met Alcinoüs mee naar de grote binnenplaats en namen het tegen elkaar op met discuswerpen, speerwerpen en **HARDLOPEN.** De Phaeaken waren een sterk en lenig volk.

Toen de wedstrijden in volle gang waren vroeg
een van hen aan Odysseus: 'Vreemdeling, wil je
meedoen? Wat doe je het liefst?'
Voordat ODYSSEUS kon antwoorden viel een
knager hen op arrogante toon in de rede: 'Om
eerlijk te zijn, vreemdeling, zie je er niet echt
atletisch uit...'
Odysseus dacht een seconde na en antwoordde
toen met opgetrokken **wenkbrauwen:**
'Laat je niet door iemands verschijning mislei-
den, vriend! Wie zwak lijkt, kan sterk zijn!'
Terwijl hij dit zei pakte hij een discus en wierp
deze zonder enige voorbereiding weg, **HEEL
VER WEG.**
Menig knager keek met verbazing toe.
De discus maakte een lange hoge boog
en kwam verder dan alle andere worpen.
De arrogante knager stond met het schaamrood

op zijn snuit. Niemand twijfelde nog: zijn gedrag en de ~ AN?eR waarop hij sprak bewezen wel dat Odysseus niet zomaar een knager was!

Toen ze MOEGESTREDEN teruggingen naar het paleis, verzamelden de knagers zich in een grote kring rondom Odysseus. Deze vreemdeling had de **KRACHT** en de uitstraling van een heuse koning!

Maar voor hij iets kon zeggen nam de arrogante knager nogmaals het woord. Hij maakte een buiging voor ODYSSEUS en zei: 'Ik wil graag mijn excuses aanbieden. U heeft zich waardig en wijs getoond. Vergeef mij mijn arrogantie, NOBELE vreemdeling!'

Odysseus accepteerde zijn excuses en koning Alcinoüs keek TEVREDEN toe, net als alle andere aanwezige Phaeaken.

De koning vroeg om stilte en wendde zich tot
Odysseus. 'Vreemdeling, we hebben gezien
dat je een krachtige, wijze knager bent. Je
hebt je kracht getoond in een wedstrijd die
je won zonder ook maar met je ogen te
knipperen. Zeg ons nu, wie ben je? Wat heeft je hier gebracht?'

Odysseus schraapte zijn keel en antwoordde:
'Demodocus heeft gezongen over de helden van
de Trojaanse Oorlog. Ik was een van hen!'

Er klonk gemompel.

Odysseus ging verder: 'We waanden ons
onoverwinnelijk, we vochten
immers voor de goede zaak. Negen
lange jaren lukte het ons niet de
hoge MUREN van Troje binnen
te komen. Ik heb daar vele goede
vrienden verloren.'

Iedereen luisterde gespannen, het was muisstil.

'We wilden ons al bijna terugtrekken, toen ik opeens een idee kreeg… Ik liet een groot HOUTEN PAARD bouwen en verstopte daar de beste Griekse krijgers in om Troje te overmeesteren. We wilden dat de Trojanen geloofden dat we het paard als cadeau hadden achtergelaten… maar ik had niet gedacht dat we echt de oorlog zouden winnen door deze list!'

De Phaeaken fluisterden opgewonden en Alcinoüs BRULDE: 'Maar dan moet jij ODYSSEUS zijn! De moedige Odysseus! De listige Odysseus!'

Het gefluister verstomde.

Odysseus glimlachte. 'Er zijn sindsdien tien jaar verstreken en nog ben ik niet THuiS, op Ithaca! Ik had een kleine vloot, van 12 schepen, maar ik ben ze allemaal kwijtgeraakt, en van

alle matrozen ben ik de **enige** overlevende!'
Odysseus vertelde over zijn lange tocht
naar huis, tot aan het moment waarop
hij aan de Phaeaken zijn *verhaal*
vertelde…
De Phaeaken waren zeer onder
de indruk van zijn verhaal, van zijn
avonturen, en van de
GEVAREN en de pech die hem
achtervolgden.
Dit was wat hij vertelde…

EEN SPRONG TERUG
IN DE TIJD...

Aan het eind van de Trojaanse Oorlog maakte Odysseus zijn vloot klaar om NAAR HUIS te gaan.

Hij was blij, er waren inmiddels tien jaar verstreken sinds zijn VERTREK van Ithaca, en nu ging hij eindelijk naar huis. Het was maar goed dat hij niet wist wat de goden nog voor hem in petto hadden…

De zeilen werden gehesen en de wind blies hen richting Ismarus. De eerste aanlegplaats was een eiland, het EILAND van de Ciconen. De muisschappen verkeerden nog in een roes van de overwinning op Troje. Daardoor gingen ze als wilde **plunderknagers** tekeer toen ze eenmaal aan land waren. Ze hadden nog veel kostbaarheden aan boord die ze hadden buitgemaakt in de oorlog, maar geen kruimel kaas meer om te knagen. Ze roofden drank en voedsel van de Ciconen. ODYSSEUS probeerde hen zo snel mogelijk weer aan boord te krijgen, maar de krijgsmuizen waren niet van plan weg te gaan zonder eerst te hebben gegeten. Ze maakten grote **KAMPVUREN** op het strand en besloten daar later de nacht door te brengen, onder de sterrenhemel. Ondertussen waren degenen die hun roof- en strooptochten overleefd hadden hulp gaan halen bij de Ciconen die aan de andere kant van het eiland woonden, om die brutale onge-node knagersgasten te verjagen...

Bij zonsopkomst kwamen de Ciconen bij het strand aan. Ze waren **WOEDEND** en Odysseus en zijn mannen hadden helemaal niet op een aanval gerekend. De **GESNEUVELDE** krijgsknagers werden achtergelaten op het eiland van de Ciconen, en dat waren er veel!

Zeus was woedend over hun wangedrag en liet **NOODWEER** losbarsten waardoor de vloot met de overlevenden pas na drie dagen het anker kon lichten. Toen ze eindelijk op open zee waren, werden ze door de sterke wind de verkeerde kant op geblazen. De wind blies, en blies en blies... totdat Odysseus op een ochtend werd geroepen.

LAND iN ZiCHT!

De zee was nu opmerkelijk *kalm* en ***spiegelglad.***

DE LOTUSETERS

De ankers werden uitgeworpen en de schepen meerden aan.

Odysseus was benieuwd naar de bevolking en stuurde twee knagers op **onderzoek** uit.

De twee waren vele uren later nog steeds niet teruggekeerd. Hij maakte zich zorgen: wat zou er toch gebeurd zijn?

Na lang te hebben gewacht ging hij op pad om hen te zoeken. En wat een **verrassing** wachtte hem toen hij ze eindelijk vond!

Zijn verkennersmuizen lagen te **ronken,** midden tussen een heleboel slapende knagers.

Niemand trok zich iets van ODYSSEUS aan.
Ook zijn twee makkers niet: toen hij hen riep
leek het wel of ze hem helemaal niet herkenden.
Odysseus probeerde het opnieuw: 'Vrienden,
wakker worden, we vertrekken! We gaan aan
boord!'

Maar de twee knagers **protesteerden**
slaperig: 'We willen niet vertrekken! Laat ons
maar hier!'

Odysseus snapte er geen muizensnars
van. Wat was er gebeurd? Zo kende hij zijn
makkers niet!

Hij liep naar een tafel waaraan een paar knagers zaten. Ze boden hem iets te eten aan.
Verschrikt sprong Odysseus weg. Dat was het
dus, ze aten hier *lotusvruchten!* Daarom wilden
die twee niet meer weg. *Lotusvruchten* waren
verrukkelijk zoet en maakten je blij en geluk-

kig, maar je vergat er ook alles van en dan kon
niks je meer wat schelen.

Odysseus groette de onbekenden vriendelijk en
SLEURDE de twee knagers achter zich
aan. Als een stel kleine kleuterknagertjes bleven
ze de hele weg JAMMEREN en janken.
Odysseus bond ze vast aan hun bank om
problemen te voorkomen, en de vloot vertrok
onmiddellijk. Stel je eens voor wat er zou
gebeuren als de bemuizing zou horen over de
lotusvruchten! Ze moesten er dus als de bliksem vandoor!

Toen ze weer op open zee waren, bedacht
ODYSSEUS dat ze wel heel veel pech hadden.

DE CYCLOPEN

Odysseus had voor zijn vertrek de **KOERS** bepaald, maar daar voeren ze al lang niet meer op. Voor Ithaca moesten ze naar het noorden, maar hoe ze precies moesten varen…?

Bij gebrek aan voedsel legden ze aan bij alle eilanden, om **PROVIAND** in te slaan.

Ze maakten jacht op het wild, zorgden voor een voorraad water aan boord en gingen dan weer verder.

Op een dag stond er een stevige wind en de schepen voeren tot aan zonsondergang met

HOGE SNELHEID door. 's Avonds was het bewolkt en liet de maan zich niet aan de hemel zien. Het was aardedonker en muisstil, op het kabbelen van de golven na.

De volgende ochtend zagen Odysseus en zijn bemuizing een streep **LAND** in de verte. Ze omhelsden elkaar van blijdschap.

De kust schoof langzaam naderbij: er stonden struiken en bloemen in BLOEI. Zouden er geen onaangename verrassingen zijn? Het leek er niet op.

Eenmaal aan land knaagden de knagers van de wilde vruchten, vingen schapen en bleven twee volle dagen en nachten in de baai. Alles was er in

De derde dag besloot ODYSSEUS met een groepje makkers de omgeving te verkennen. Hij vroeg zich af of hier misschien de beruchte **CYCLOPEN** woonden.

Hij zocht een grote zak wijn uit en nam die mee. Niet ver van het strand zagen ze een **GROT** waarvan de ingang schuilging achter een grote laurierstruik.

Rondom de ingang waren **enorme** stenen in de grond geplaatst, het leek wel een soort omheining.

Schapen liepen de grot in en uit met hun lammetjes.

Binnen in de grot was het erg *netjes.* Langs de wanden lagen op HOUTEN SCHAPPEN grote ronde kazen. Op de grond stond een rijtje emmers met vers gemolken melk. Binnen een omheining liepen lammetjes. De pasgeborenen apart van de al wat grotere. Het zag er allemaal erg geordend uit.

Let op, Odysseus!

Odysseus moest goed zijn best doen om zijn medeknagers in *bedwang* te houden. Ze wilden alles wel meenemen en riepen: 'We pakken zoveel kaas als we dragen kunnen en maken dat we wegkomen!'

Maar ODYSSEUS wilde wachten op de bewoner of bewoners van de grot. Hij had wijn meegebracht en hoopte *gastvrij* onthaald te worden.

De anderen konden niets anders doen dan gehoorzamen. Ze knabbelden op kleine BLOKJES kaas en gingen in een

hoekje zitten wachten. Odysseus liep nieuwsgierig in het rond. Alles in de grot was van een
REUZENFORMAAT, om zelfs maar een
schoteltje te verplaatsen had je al drie of vier
knagers nodig… de bewoner moest wel *gi-ga-
groot* en sterk zijn!

Wat had Odysseus *VERWACHT* hier te
vinden? Cyclopen! Hij had gehoord dat dit
reusachtige, **MONSTERLIJKE** wezens waren
met een groot plat gezicht. En in plaats van
twee ogen hadden ze er maar een. Een heel
groot **OOG,** in het midden van hun gezicht!
Odysseus voelde de **rillingen** langs zijn rug
lopen. 'Dan is dit dus inderdaad het land van
de Cyclopen!' stelde hij vast.

Het klopte met wat hij wist van deze wezens,
namelijk dat ze goede schaapherders waren.
En nu wist hij ook dat ze echt **ENORM,**

ja monsterlijk groot waren. Die rillingen waren geen goed teken, Odysseus kreeg een naar voorgevoel.

Bij zonsondergang was al van ver het geblaat en gemekker van de schapen te horen, gevolgd door het zachte getrappel van hun hoeven.

Maar dat zachte getrappel werd gevolgd door zware stappen, de aarde begon te trillen... ODYSSEUS verzamelde al zijn moed om de Cycloop in zijn eigen grot onder ogen, *eh oog,* te komen.

DE WOEDE VAN
POLYPHEMUS

Even later viel er een schaduw in de **GROT.** De Cycloop liet de schapen naar binnen en volgde zelf met een enorme bundel **BOOMSTAMMEN** op zijn schouder. Dat was hout voor het vuur.

Hij liet de stammen op de grond vallen en de grot **schudde** op zijn grondvesten. Het geluid weergalmde door de hele ruimte en maakte dat Odysseus en zijn makkers zich van **SCHRIK** verstopten.

De Cycloop pakte een grote steen en blokkeerde daarmee de uitgang: nu zaten Odysseus en zijn makkers als muizen in de val.

Geen twintig karren konden die steen van zijn plaats krijgen!

De **CYCLOOP** had hen niet opgemerkt en begon aan zijn dagelijkse karweitjes. Pas toen hij op een rotsblok ging zitten, zag hij de insluipers.

Hij knielde om ze beter te kunnen bekijken met zijn ene enorme oog.

'**WIE ZIJN JULLIE?**' bulderde hij.

ODYSSEUS deed een stap naar voren en antwoordde: 'Wij zijn Achaeërs! We hebben oorlog gevoerd met de Trojanen en zijn op weg naar huis, naar Ithaca. De **WIND** heeft ons hierheen geblazen.'

De Cycloop keek hem aan. Hij had een blik om de rillingen van te krijgen, maar Odysseus ging

binnen te komen om te vragen of u ons onderdak wilt verlenen voor de 𝔫𝔞C𝔥𝔱.'
De Cycloop bleef even stil naar hen kijken en
barstte toen in lachen uit.

'*Slapen,* in mijn grot, vreemdelingen?

HAHAHAHAHA!

Wat ben jij ongelooflijk nietig en dom!'
De lach van de Cycloop was afgrijselijk en leek
meer op het **WOEDENDE** gebrul van een
beest!
Odysseus hield stand, terwijl zijn makkers als
rietjes stonden te trillen.
De Cycloop bleef maar lachen. 'Onderdak?!
Weet je dan niet dat Cyclopen geen snars geven
om gastvrijheid? We doen alleen waar we zelf
zin in hebben en trekken ons van NIETS

of niemand iets aan!'

Odysseus stond paf. Hij moest rattenrap een
slim PLAN bedenken, anders was alles
verloren.

De Cycloop praatte verder met zijn angstaanjagende stem. 'Vertel, waar ligt je schip?'

Odysseus was niet dom en zei: 'Mijn schip is
vergaan! De storm en de hoge golven...'

'Hoe heet je?'

Odysseus dacht snel na: 'Ik heet... *Niemand!*
Ja, ik heet Niemand! En u, Cycloop?'

De Cycloop KRABDE zich op het achterhoofd
en zei: 'Ik ben Polyphemus! En omdat je me je
naam hebt gezegd, zal ik je een plezier terug
doen, Niemand. Ik zal jou als laatste opeten!
HAHAHA!'

Zonder nog een woord te verspillen greep
de Cycloop twee van Odysseus' makkers en

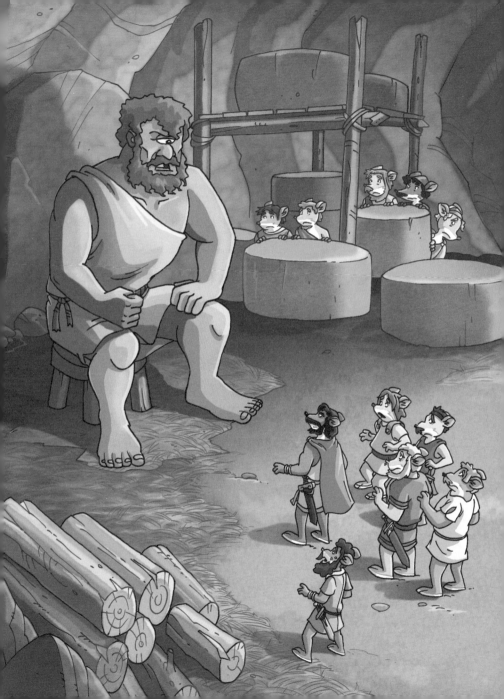

VER.OR.BER.DE hen in één enkele hap.
Even stonden ze allemaal als VERSTEEND.
Toen kropen ze geschrokken weg, alleen
ODYSSEUS bleef staan waar hij stond. Hij had
hen in de problemen gebracht en hij moest hen
er ook weer uithalen, al kostte het hem zijn
leven.

Polyphemus keurde hem geen blik waardig,
maar **strekte zich eens helemaal uit,**
ging midden in de grot op de grond liggen en
viel als een blok in slaap.

Odysseus BEKEEK hem
snel van dichtbij.
Wat een gigant! Dat was
geen kattenpis!
Hij ging zitten en dacht na
over een **ONTSNAPPINGS-
STRATEGIE.**

Zelfs als hij Polyphemus wist te verslaan,
schoten ze daar niets mee op, want de uitgang
was **VERSPERD.**

O, wat een ramp!

Terwijl de makkers zich aan elkaar vastklamp-
ten en elkaar moed in spraken, bleef Odysseus
in het donker nadenken. Zijn hersens kraakten, zijn kop tolde…

VLUCHTPLAN

De zon kwam nog maar net op toen Polyphemus **ontwaakte** en luidruchtig begon te gapen.

De Cycloop wreef in zijn oog en keek om zich heen, op zoek naar de indringers.

Hij **GRINNIKTE** en brulde met zijn bulderende stem: 'Waar zijn jullie, kom op, moedige Achaeërs! Ik heb honger, ik wil mijn ontbijt!'

Maar Odysseus en zijn makkers hadden zich **VERSTOPT** en daarom ging Polyphemus naar buiten met zijn kudde, zoals gewoonlijk.

Toen hij de grot had verlaten draaide hij zich om en schoof de **ENORME STEEN** weer voor de opening.

De Achaeërs zaten opnieuw in de val, maar Odysseus gaf de moed niet op: 's nachts had hij een PLANNETJE bedacht, en dat vertelde hij nu aan zijn makkers.

De vorige avond had Polyphemus het vuur aangestoken maar er was nog een dikke boomstam over.

Odysseus nam de stevige stronk van de olijfboom en sleepte die samen met de andere knagers naar een HOEK van de grot. Hij beval de muizen er een stevige PUNT aan te maken. Dat was geen makkelijk karwei, want het hout was hard, heel erg hard. Maar na lang werken zat er een spits uiteinde aan de stam, zo SCHERP als een speerpunt. Het plan van

Odysseus nam steeds meer vorm aan.

Toen de punt klaar was, liet Odysseus de WIJN zien die hij van boord had meegenomen. Hij legde uit dat hij de Cycloop wilde VERDOVEN door hem de drank aan te bieden. Toen de avond viel wachtten ze gezamenlijk op Polyphemus.

De steen werd weggeschoven en de Cycloop kwam binnen met zijn kudde schapen en lammetjes... De Achaeërs konden zich nog maar net op tijd verstoppen.

De Cycloop nam niet eens de tijd om eerst de schapen te groeperen, maar begon meteen te brullen: 'Joehoe, waar zijn jullie?'

Het bleef muisstil.

Polyphemus begon hen te zoeken, en raakte daarbij zwaar geïrriteerd, tot zijn aandacht plotseling werd getrokken door Odysseus die hem de wijn kwam aanbieden.

De Cycloop dronk van de wijn en leek het nog lekker te vinden ook; hij vroeg om meer en meer. Hij stak een **VUUR** aan om zich te warmen, en Odysseus keek tevreden toe: zijn plannetje leek te werken...

Na een paar minuten viel Polyphemus in slaap en begon te **SNURKEN.** Op dat moment kwamen Odysseus en zijn makkers tevoorschijn, ze bewogen zich door de grot als donkere **schaduwen...**

De streek van Niemand

Polyphemus sliep onrustig en had dromen en nachtmerries. De Cycloop snurkte luid en **GRiNNiKTE** toen opeens.

Odysseus sloop voorzichtig naar hem toe.

Zijn makkers slopen heel voorzichtig achter hem aan.

Op zijn teken pakten ze de boomstam en hielden die in het **VUUR,** net zo lang totdat de punt roodgloeiend oplichtte.

Dat was **het** moment!

Ze namen de stam en met een enorme kracht

stootten ze de punt in het **OOG** van Polyphemus. Brullend van de pijn sprong de Cycloop op. Hij maaide met zijn armen om zich heen en probeerde ODYSSEUS en zijn makkers te grijpen, maar greep mis.

WOEDEND trok hij aan de balk in zijn oog, de pijn was ondraaglijk!

Hij brulde zo hard dat alle Cyclopen op het eiland wakker werden. Ze kwamen allemaal tevoorschijn, iedereen uit zijn eigen **GROT,** en verzamelden zich voor de ingang van de grot van Polyphemus.

Gealarmeerd riepen ze: 'Wat gebeurt er, Polyphemus?'

Polyphemus brulde terug: 'Ik werd in het **donker** aangevallen!'

De Cyclopen keken elkaar verschrikt aan: 'Wie heeft je aangevallen?'

En hij zei: *'Niemand!* Het was Niemand! Ik zie niets meer!'

De andere Cyclopen snapten er niets van en bromden: 'Maar hoe kan dat nu… *niemand?!* Misschien was het een **NACHT- MERRIE,** Polyphemus! Ga maar weer slapen… en als je weer akelig droomt: een beetje rustig graag!'

En een voor een gingen ze, hoofdschuddend, weer naar hun eigen grot.

Polyphemus hoorde hun voetstappen verdwijnen en viel vertwijfeld op de **GROND** neer. Toen Odysseus dat zag lachte hij in zijn vuistje: alles ging volgens plan.

Terwijl de Cycloop lag te kronkelen van de **PIJN,** verstopten Odysseus en zijn makkers zich onder de buiken van de schapen. De schapen hadden een mooie volle **wollige**

vacht waar ze zich goed in konden vastgrijpen en verschuilen.

Zo wachtten ze op de eerste zonnestralen.

Toen de zon opkwam stond Polyphemus op, ondanks de pijn aan zijn oog. Hij schoof de STEEN voor de uitgang weg om de schapen naar buiten te laten gaan. Voor hij ze erdoor liet, *streek* hij over hun rug en flanken om er zeker van te zijn dat Niemand geen poging zou doen om te ontsnappen.

Odysseus en zijn makkers maakten zich zo klein mogelijk en hielden zich muisstil op het moment dat de GROTE handen van Polyphemus de schapen controleerden. Zodra ze buiten waren lieten ze los en maakten RATTENRAP dat ze wegkwamen.

Eindelijk vrij! Op naar het schip!

Toen ze eenmaal aan boord waren, brulde

Odysseus zo hard dat de Cycloop hem
hoorde: 'Dacht je soms dat we dom waren,
Polyphemus? Mooi niet, nu boet je voor je
eigen wreedheid. Denk aan mij, niet aan
Niemand maar aan ODYSSEUS, dat is mijn
naam!'

Toen hij dat hoorde kreeg Polyphemus een
ware woedeaanval. Hij stormde naar buiten,
tilde **ZWARE** rotsblokken boven zijn hoofd
en wierp die in de richting van het geluid,
richting zee.

Maar geen enkel rotsblok raakte het schip,
dat inmiddels bijna op volle zee was. De in
het water stortende ROTSBLOKKEN
hielpen het schip zelfs een beetje op weg, de
golven die ze veroorzaakten dreven
het schip sneller het open water op.

Odysseus haalde opgelucht adem toen de

zeilen bolden in de wind.

Hij dacht dat hij nu alle **HINDERNISSEN**
had overwonnen, maar hij wist niet dat het
ergste nog moest komen, erger, veel

erger... erger... erger... erger... erger... erger... erger... erger... erger... erger... erger... erger...

TEGENWIND...

Wat Odysseus niet had kunnen voorzien, was dat het VERWONDEN van Polyphemus hem noodlottig zou worden! Polyphemus en de andere Cyclopen waren namelijk kinderen van Poseidon, de god van de ZEE.

Toen Poseidon hoorde wat er gebeurd was kreeg hij meteen een **hekel** aan Odysseus! Dat zou hij hem wel eens even betaald zetten! Ondertussen voer Odysseus nietsvermoedend **RICHTING** het eiland Aeolia, waar Aeolus woonde, de god van de wind.

Aeolus ontving Odysseus zeer gastvrij in zijn paleis en verleende hem een maand lang onderdak. Maar op een dag besloot Odysseus weer te vertrekken.

Hij kreeg van Aeolus een grote zak mee: 'Hier heb ik alle **TEGENWINDEN** ingestopt die je op je reis maar tegen zou kunnen komen, onverschrokken Odysseus.

PAS DUS OP, en maak de zak *onder geen beding open,* of je krijgt alsnog tegenwind!'

Odysseus bedankte de god hartelijk en verstopte de zak aan boord, zonder zijn makkers te vertellen wat er in zat.

En inderdaad, de reis begon goed en ging nog beter verder: met de westenwind in de zeilen, een kalme zee en volle zon.

Zo gingen er negen dagen en negen nachten

voorbij. Odysseus gunde zichzelf in al die tijd geen nachtrust, zo graag wilde hij naar huis. Maar de tiende nacht, toen Odysseus van pure uitputting in een **diepe** slaap gevallen was, begonnen de makkers onder elkaar te smoezen.

'Heb je die zak gezien die Odysseus kreeg?'

'Wat een joekel! Wat zou er in zitten?'

'Hij heeft hem verstopt...'

'Waar wachten we op? Laten we hem zoeken! Misschien heeft Aeolus Odysseus wel goud en zilver geschonken...'

Ze gingen benedendeks en zochten de zak. Toen ze hem hadden gevonden, brachten ze hem aan dek. Ze hadden de zak nog maar nauwelijks geopend of met een **HEVIGE** ruk kwamen de noorden-, zuiden- en oostenwind vrij. Er klonk een harde fluittoon en de hemel kleurde **donker...**

KANNIBALEN!

Meteen werden de schepen op de golven heen en weer geslingerd. Dagenlang waren de schepen blootgesteld aan het ergste noodweer ooit! En wat waren ze opgeschoten?

Niets!

Ze waren weer terug bij af, op het eiland van koning Aeolus. Ze repareerden de schepen en de zeilen en voeren weg van het eiland.

Na een paar dagen ging de wind liggen. Na nog een paar dagen ronddobberen en roeien zagen ze in de verte de ROTSEN van het eiland Lamos. De roeiers waren uitgeput en besloten daarom

aan te leggen. Het leek er droog, dor en onbe-
woond. Drie verkenners gingen op pad om de
boel te onderzoeken en kwamen al snel een
groep reusachtige knagers tegen: dat waren de
Laestrygonen, een volk van KANNIBALEN!
De woeste Laestrygonen grepen een van de verkenners en verslonden hem, nog voor de andere
twee met hun ogen konden knipperen. Die
maakten RATTENRAP rechtsomkeert, terug naar de schepen.
Na hun angstige verhaal te hebben aangehoord
gaf Odysseus het bevel om onmiddellijk uit te
varen, maar de Laestrygonen slaakten WILDE
kreten en wierpen grote rotsblokken naar de
schepen. Bijna de hele vloot ging ten onder en
zonk met man en muis! Maar het schip van
Odysseus wist op het nippertje aan de aanval te
ontkomen en zette koers naar open ≈ ≋ ≋ .

DE TOVENARES CIRCE

e bemuizing **ROEIDE** alsof hun leven ervan afhing, en dat was ook zo.
Toen ze in de verte **land** zagen opdoemen, voeren ze erheen. Ze moesten wel, hun magen rammelden, ze barstten van de honger. Zou het wel veilig zijn? Of woonden hier misschien ook **reusachtige** knager-etende-knagers? Odysseus en zijn bemuizing rustten twee volle dagen uit. Voor de **zekerheid** bleven ze in de buurt van het schip.
De derde dag besloot Odysseus het eiland te gaan verkennen en hij vroeg aan zijn bemuizing

of ze mee wilden komen om te kijken of het eiland bewoond werd.

De knagers reageerden verbaasd:

'Odysseus, hoe durf je dat nog te vragen na dat **verschrikkelijke** avontuur? Geen denken aan, laten we meteen vertrekken, voor ons nog meer akeligs overkomt!'

Maar Odysseus hield zijn **POOT** stijf. Ze splitsten zich op in twee groepen. De ene ging met hem mee, de andere met zijn goede vriend Eurylochus.

Ze trokken strootjes om uit te maken welke groep er als *EERSTE* zou vertrekken. Het lot bepaalde dat dat Eurylochus was. Odysseus bleef bij het schip.

De groep met Eurylochus aan het hoofd ging vastberaden op weg, tot ze bij een groot, **mysterieus** stenen huis aankwamen.

In de tuin rondom het huis liepen
wolven en tijgers, dwars door elkaar.
Ze zagen er **tam** uit, ongewoon
tam. Ze liepen zelfs op de knagers
af om zich te laten aaien.
Dat was vreemd!
Toen Eurylochus en zijn groep
dichterbij kwamen, zagen ze een
aantrekkelijke verschijning op hen
afkomen die hen glimlachend verwel-
komde op het eiland, dat Aeaea heette.
Het was niet zomaar iemand, het was de
tovenares Circe, die bekend stond om haar
sluwheid, waarmee ze iedereen die in haar
buurt kwam voor de gek wist te houden.
Circe nodigde de nieuwkomers vriendelijk uit
om samen met haar te eten. De knagers accep-
teerden de uitnodiging **enthousiast.**

Alleen Eurylochus niet! Hij vertrouwde het niet helemaal, en verstopte zich daarom achter een STRUIK in de tuin.

De rest van de groep ging met de tovenares naar binnen om te drinken en te eten van het **overvloedige** banket. 'Eet, helden! Eet en drink zoveel je maar wilt!'

Ze propten zich vol, zonder in de gaten te hebben wat voor **uitwerking** het eten op hen had. Langzaam begonnen ze van gedaante te veranderen, tot ze er uitzagen als... **varkens!** Ze begonnen te jammeren, tenminste dat probeerden ze, maar het enige dat ze hoorden was een luid **geknor.**

Circe barstte in een tevreden schaterlach uit. Eurylochus, die alles vanachter de struik had zien gebeuren, draaide zich om en rende **RATTENRAD** terug naar het schip.

HEB JE GEEN TREK, ODYSSEUS?

Eurylochus kwam uitgeput en buiten adem op het strand aan. HIJGEND vertelde hij het verhaal van zijn makkers die nu als varkens liepen te knorren. Het liefst wilde hij maken dat hij zo snel mogelijk wegkwam van dit betoverde eiland. Maar ODYSSEUS dacht er niet over om zijn makkers zo achter te laten, in de ban van een tovenares. Niemand durfde met hem mee te gaan, dus ging hij alleen op pad. Resoluut liep hij in de RICHTING van Circe's STENEN huis. Toen hij vlakbij was, werd hem de weg versperd; het was Hermes, de boodschapper van de goden. Odysseus bleef **verbaasd** staan. Hermes begroette hem en zei: 'Odysseus, je kunt je makkers redden, maar dan moet je wel heel voorzichtig te werk gaan! Luister goed…'

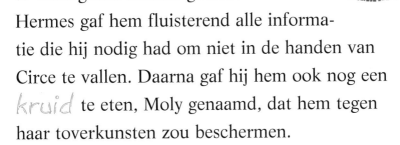

Hermes gaf hem fluisterend alle informatie die hij nodig had om niet in de handen van Circe te vallen. Daarna gaf hij hem ook nog een kruid te eten, Moly genaamd, dat hem tegen haar toverkunsten zou beschermen.

Odysseus liet alles goed op zich inwerken; het was nogal wat, maar de informatie die Hermes hem gaf kon zijn leven redden.

Toen verdween de boodschapper van de goden en liet hem alleen **ACHTER.**

De held kwam bij het huis van de tovenares

aan en zag tot zijn grote **verbazing** dat ze al op hem stond te wachten. Ze wist zelfs hoe hij heette, want ze begroette hem met de volgende woorden: *Wees welkom, Odysseus!*

Overal zag hij dieren lopen en hij begreep dat dit stuk voor stuk **BETOVERDE** knagers moesten zijn, net zoals zijn makkers.

Odysseus deed precies wat Hermes hem had ingefluisterd: hij accepteerde haar uitnodiging en ging zitten. Hij at en dronk, zonder dat haar betoverde gerechten hem iets konden doen, maar dat kon zij natuurlijk niet weten. Ze wachtte zijn verandering niet eens af en wilde hem al naar zijn makkers jagen, toen Odysseus plotseling zijn zwaard trok en deed alsof hij haar wilde aanvallen. Circe strompelde verschrikt achteruit.

Odysseus zei: 'Ik doe je niets, Circe, maar je moet me beloven dat je me nooit probeert te betoveren, *nooit!*'

Circe was stomverbaasd. Hoe was het mogelijk dat deze vreemdeling de enige manier kende om aan haar toverkracht te ontsnappen? Ze antwoordde: 'Ik begrijp er niets van, hebben de goden je soms geholpen? Ik beloof je dat je van mij nooit iets te **VREZEN** zult hebben! Kom mee, dan gaan we naar mijn kamers!'

En zo kwam het dat Odysseus uiteindelijk bij haar in haar bed belandde.

Later, veel later, nam ze hem mee naar haar salon, waar ze hem plaats liet nemen en hem de heerlijkste gerechten voorschotelde. Maar ODYSSEUS raakte het eten met geen poot aan.

'Heb je geen trek, Odysseus?' vroeg Circe beledigd.

Odysseus wist precies wat hij moest antwoorden: 'Hoe kan ik nu lekker gaan zitten eten terwijl de moedige krijgers van Ithaca hier buiten als varkens rond baggeren in de **modder?!** Hoor ze eens knorren! Ik kan het niet verdragen!'

Circe **KEEK** hem aan en knikte: 'Goed, Odysseus, omdat jij het wilt zal ik je makkers weer in knagers veranderen!'

Toen ze dat had gezegd, liet ze de varkens vrij en **verbrak** de betovering.

Odysseus zag het voor zijn snuit gebeuren, opeens stond daar zijn bemuizing weer! Ze leken zelfs *jonger* en **STERKER** dan voor hun betovering! Blij vielen ze elkaar om de hals, zielsgelukkig dat ze weer gewoon knagers waren.

Luister naar me, Odysseus...

Circe liet het niet bij het verbreken van de betovering, maar bood Odysseus en zijn knagers onderdak aan totdat ze weer zouden **VERTREKKEN** van Aeaea. Terwijl ze eerst nog de vijand had geleken, bleek ze nu een *goede* vriendin.

Ze stelde hen gerust: 'Hier bij mij zijn jullie veilig en kunnen jullie weer op krachten komen...'

Odysseus accepteerde de uitnodiging van Circe en ging naar het strand om de daar achtergebleven makkers op te halen.

Die avond zorgde de tovenares voor een heerlijk banket, geparfumeerde olie, nieuwe tunieken en comfortabele bedden om in te slapen.

De gevaren van de zee leken nu heel ver weg!

De gastvrijheid van de tovenares was ongekend, de beste die ODYSSEUS en zijn makkers ooit hadden meegemaakt.

Het kwam zelfs zo ver dat eigenlijk geen van de knagers nog zin had om te *vertrekken.*

Niemand van hen wilde weg van het eiland Aeaea. En Odysseus? Odysseus lag in de armen van Circe en was Penelope en Ithaca helemaal vergeten.

Uiteindelijk bleven ze een **VOL** jaar, totdat ze op een dag zo'n heimwee kregen dat ze besloten te vertrekken.

Toen Odysseus Circe op de hoogte

bracht van hun besluit, zei ze: 'Je moet doen wat je **HART** je ingeeft! Maar voor je weggaat zijn er een paar dingen die je moet weten en moet doen. LUISTER goed.'

De tovenares fluisterde: 'Je moet met je makkers naar de onderwereld gaan en daar de blinde ziener Tiresias opzoeken.'

Toen hij dat hoorde **sprong** Odysseus verschrikt op: 'Maar de onderwereld, dat is het rijk der **DODEN!** Hoe kom ik daar ooit levend binnen? En nog belangrijker: hoe kom ik er weer levend uit?'

Circe begreep wel waarom Odysseus schrok en probeerde hem gerust te stellen: 'Maak je geen zorgen over hoe je er komt. Boreas, de noordenwind, **BLAAST** je schip er regelrecht naar toe en als jullie de wereldstroom Oceanus over zijn, ben je in het land van de Kimmerische

mannen. Daar moet je aanleggen op het strand en vervolgens twee dieren slachten. Dan komt Tiresias vanzelf naar je toe... Wees niet bang, ODYSSEUS, als je doet wat ik zeg zal alles goed gaan!'

Circe vertelde hem precies hoe hij de ziener, die ook na zijn DOOD nog de toekomst kon voorspellen, om raad kon vragen. Hij zou Odysseus uitleggen hoe hij veilig thuis kon komen.

Odysseus wekte zijn makkers, waarna ze rattenrap **VERTROKKEN** om alles te doen wat Circe hem had aangeraden. Helaas was de bemuizing niet compleet; ze hadden één knager achter moeten laten, Elpenor, die met zijn dronken kop van het dak was gevallen en nu niet meer leefde.

DE DUISTERE ONDERWERELD

et schip liet het strand van Aeaea achter zich. Odysseus riep de bemuizing bijeen en vertelde: 'Vrienden, we gaan nog niet naar huis, we moeten eerst nog naar de onderwereld, naar het **DODENRIJK!**' Op de snuiten van zijn makkers verscheen een groot vraagteken. Odysseus stelde hen gerust: **'KOP OP!** We moeten doen wat de goden van ons vragen, anders komen we nooit meer thuis op Ithaca! Laten we doen wat ons gezegd is, dan kunnen we eindelijk op weg. Op naar ons geliefde eiland!'

En zo werd koers gezet naar Oceanus en het land van de Kimmerische mannen, terwijl het schip werd omringd door een eeuwigdurende **mist.**

Ze waren nu aangekomen in een streek waar de zon nooit scheen en het altijd **nacht** was. Terwijl het schip de mist doorkliefde, speurde Odysseus naar de ingang van de **ONDER- WERELD,** daar waar Circe had gezegd dat hij het schip moest aanmeren.

Toen ze de juiste plek gevonden hadden, bleef de bemuizing aan boord en ging ODYSSEUS alleen aan land om twee dieren te slachten.

Hij wachtte op de dode zielen die tevoorschijn zouden komen, met hele zwermen tegelijk; een **ANGSTAANJAGEND** gemompel kondigde hun komst al aan.

De eerste schim die zich meldde was die van

hun dode makker Elpenor, die van het dak
gevallen was. Hij vroeg Odysseus om hem naar
Ithaca te brengen, zodat hij thuis begraven kon
worden. Toen verscheen ook Antikleia, de moeder van Odysseus: ze had nog geleefd
toen hij was vertrokken naar Troje!

Toen hij haar zag viel hij op zijn knieën en
HUILDE. Maar hij wist dat hij niet van
de aanwijzingen van Circe af moest wijken; hij
mocht verder met niemand praten en zei dus
niets tegen zijn moeder. Eerst moest hij de
blinde Tiresias spreken, de enige ziener in
het rijk der doden!

Toen Tiresias opdook vroeg Odysseus of hij
met hem wilde praten.

Tiresias kon hem weliswaar niet zien maar
herkende hem toch meteen: 'Odysseus, waarom
ben je naar de onderwereld gekomen, je leeft

toch nog en bent toch nog **STERK?!** Wat
doe je hier, het is hier maar een dooie boel.'
Omdat Odysseus geen antwoord gaf sprak
Tiresias verder: 'Ik weet dat je maar wat graag
naar Ithaca terug wilt, maar Poseidon houdt je
tegen! Hij is **WOEDEND,** omdat je zijn
zoon blind hebt gemaakt. Hij zint op wraak!'
De ziener sprak langzaam en leek naar iets in
de verte te staren.
'Luister goed, over een paar dagen leg je aan
op de vruchtbare bodem van het **EiLAND**
van de zon, Thrinakia. Daar grazen de koeien
van de god Helius. Wee degene die ze een haar
krenkt, laat je knagermakkers uit de buurt
blijven van deze **BEESTEN!** Dan
bespaar je jezelf een hoop ellende…'
Tiresias ging verder: 'Als je dan eindelijk Ithaca
bereikt zul je ook nog moeten **VECHTEN** om

je huis te ontdoen van al dat gespuis. Nee, gemakkelijk wordt dat niet!' En weg was hij.

Odysseus zat als VERSTEEND, totdat zijn moeder Antikleia weer naar hem toe kwam. Toen hij haar zag, vroeg hij met trillende stem: 'Mama, hoe ben jij hier terecht gekomen? Hoe gaat het met mijn vader, mijn vrouw Penelope en mijn zoon Telemachus?' Antikleia glimlachte en zei: 'Maak je maar geen zorgen over mij, zoon... Ik ben blij dat ik je levend terugzie. Je vader is oud en moe en heeft het paleis verlaten. Hij wacht op je. Penelope is je altijd TROUW gebleven en verlangt naar je thuiskomst. Je zoon Telemachus is inmiddels een wijze jonge knager...'

Door EMOTIE overmuisd wilde Odysseus zijn moeder omhelzen; hij probeerde het drie keer,

maar drie keer omhelsde hij alleen maar lucht.
Er kwamen nog een hele reeks schimmen voorbij. Odysseus hield zijn ogen niet **droog** bij het
zien van zijn oude makkers die waren
OMGEKOMEN tijdens hun gezamenlijke
strijd tegen de Trojanen. Toen de lange rij
schimmen voorbij was getrokken, ging
Odysseus snel terug naar het schip. Hij wist dat
de thuistocht l a n g en moeilijk
zou worden, maar hij voelde dat ze het zouden
halen!

Vol vertrouwen sprak hij de bemuizing toe:
'Laten we gaan, vrienden! We gaan terug naar
Circe, en halen daar het lichaam van onze dode
makker Elpenor op. En daarna: *op naar
Ithaca!*'

Toen ze weer terug op Aeaea waren had Circe
een lang gesprek met Odysseus.

'Je bent een **koene** knager, ODYSSEUS, je hebt honderden hindernissen overwonnen, maar de goden hebben nog meer voor je in petto. Je zult je bemuizing verliezen en je moed nog heel vaak moeten tonen… Luister wat je te wachten staat…' Odysseus hoorde de verhalen aan, **GRUWELIJKE** verhalen.

Even voelde hij zich verloren, maar toen hij dacht aan Penelope en Telemachus wist hij dat hij geen keus had: *hij moest volhouden!*

Ook Circe sprak hem moed in: 'Wees niet bang: je bent **STERK** en *slim,* en je zult zien dat het je lukt! Ga waar het LOT je voert!'

Het lichaam van Elpenor werd aan boord gebracht en vol nieuwe moed maakte Odysseus zich klaar voor vertrek.

HET LIED VAN DE SIRENEN

Toen het schip goed en wel was vertrokken, moest ODYSSEUS denken aan de verhalen en adviezen van Circe en vertelde zijn makkers wat hen te wachten stond:

de Sirenen...

Dat waren verlokkelijke wezens, half vrouw en half vogel, die leefden op een grote rots en met hun *gezang* de schepen tot zinken brachten. Maar Odysseus was gewaarschuwd, en een gewaarschuwd muis telt voor twee!

Circe kende het lied van de Sirenen maar al te goed…

Hij haalde een paar stevige TOUWEN en een groot stuk was uit de voorraadruimte.

Hij liep naar de knagers toe en zei: 'Bind me stevig vast aan de mast!'

Hij verdeelde de was in kleine stukjes.

Terwijl zijn makkers hem vastbonden zei hij: 'Zo meteen beginnen *de Sirenen* te zingen, en hun lied zal verleidelijk klinken want ze willen ons in de val lokken. Maar wij moeten ze weerstaan en ZO SNEL MOGELIJK maken dat we wegkomen. Anders eindigen we als al die andere schepen... te pletter geslagen op de rotsen!'

Hij gaf ze elk twee stukjes WAS: 'Als jullie me vastgebonden hebben, stop dan deze was in je oren!'

Eurylochus vroeg hem: 'Waarom stop jij geen was in je oren?'

Odysseus' ogen begonnen te schitteren: 'Ik wil het gezang horen! Er wordt gezegd dat wie de Sirenen hoort zingen daardoor wijzer wordt, wijzer dan wie ook!'

De makkers bonden Odysseus vast en stopten daarna de was in hun oren. Ze gingen zitten, pakten de riemen en roeiden.

Even later klonk er een zacht gezang op het schip. Het was een onweerstaanbaar geluid, een **verleidelijk,** magisch gezang.

Odysseus die aan de mast stond vastgebonden gaf zich over aan de betoverende stemmen. *'Odysseus... Odysseus... blijf hier, bij ons... iedereen die ons honingzoete lied ooit hoorde is bij ons gebleven... blijf toch hier, Odysseus...'* Odysseus probeerde zich uit de touwen te bevrijden, maar telkens als er ook maar een klein stukje losraakte, kwam er een makker om het weer stevig aan te trekken. Toen de stemmen eindelijk **VERSTOMDEN,** liet de held zich aan de voet van de mast neervallen en haalde de bemuizing de was uit hun oren. Ze hadden het gered!

Maar een veel groter gevaar kwam op hen af: ze waren nog lang niet thuis...

SCYLLA EN CHARYBDIS

Odysseus en zijn bemuizing hadden de verleiding van *de Sirenen* weten te weerstaan, maar ze waren nog maar net het eiland voorbij gevaren of er dreigde alweer nieuw gevaar.

Niet ver van het schip, **spatte** het water hoog op. Niemand wilde nog roeien. Het zag er **ANGSTAANJAGEND** uit.

Circe had Odysseus verteld wat hen nog te wachten stond.

Odysseus zei tegen zijn makkers: 'Vrienden, we zijn er nog niet! Circe heeft me gewaarschuwd voor een **waterverslindend** monster, Charybdis.'

Hij wees naar het opspattende water. 'Charybdis zit op de linkeroever en veroorzaakt enorme **draaikolken** met haar dorst naar water.'

'Dat was het dan, Odysseus!'

'Daar komen we nooit langs!'

'Is het dan nooit genoeg?'

'Kop op, makkers, we hebben al zoveel overwonnen... de Cycloop, de Sirenen!' stak Odysseus hen een h♥rt onder de riem. 'We zijn gewaarschuwd, we weten dankzij Circe wat ons te wachten staat!'

Op de rechteroever zat Scylla, een zeskoppig **MONSTER.** Odysseus had zijn bemuizing nog niets verteld over Scylla.

Ze waren in de ban van het spektakel dat Charybdis hen bood.

Charybdis had een enorme muil waarmee ze
drie keer per dag het ≈eewater

opslurpte. Ze at alles op wat er met het water
mee naar binnen werd gezogen en daarna
SPUUGDE ze het water weer uit. Dat veroorzaakte de draaikolken.
Het schip voer rechts van de zeestraat om
Charybdis zoveel mogelijk te omzeilen. Maar
daar zat Scylla!

ODYSSEUS beval zijn bemuizing zo hard
mogelijk te roeien.
'We gaan het halen! Roei! Zo hard als je kunt!'
Toen Circe hem had verteld over de twee monsters, was Odysseus opgesprongen en had
gezegd te willen vechten. Maar Circe had hem
uitgelachen. 'Daar is nog nooit een bemuizing heelhuids langsgekomen. Of Charybdis
slurpt je op of een van Scylla's zes koppen
krijgt je te pakken.'
Maar Odysseus zou Odysseus niet zijn als hij
zich daarbij had neergelegd. Hij wilde niet
KIEZEN. Scylla of Charybdis. Beiden
waren even gruwelijk.

'Roeien! Roeien!!!
we geven het niet op!'

Het water kolkte, het schip werd **HEEN** en **WEER** geslingerd. De knagers roeiden en roeiden. Odysseus was zo bezig met het ontwijken van Charybdis dat hij Scylla even vergat. Opeens doken daar boven het schip zes **koppen** op. De zes koppen sperden hun zes gevaarlijke muilen open. Vlijmscherpe tanden werden zichtbaar.

Odysseus kon alleen maar **TOEKIJKEN**
hoe de zes koppen zes knagers van zijn bemuizing grepen. Er was niets dat Odysseus kon
doen. Ze waren verloren.

De overige knagers werden LIJKBLEEK
toen ze het gegil van hun makkers hoorden.

Ondertussen bleef Charybdis maar water
slurpen met haar O N M E T E L I J K E
muil.

Ze konden maar één ding doen om te voorkomen dat ze, net als de andere knagers, in de
muil van Charybdis zouden verdwijnen:

ROEIEN... en maken dat ze uit de zeestraat
kwamen.

Odysseus rouwde om zijn zes makkers maar
was ook opgelucht toen ze de zeestraat
uitvoeren.

Het geweld van het **kolkende water** nam

langzaam af. Het werd zelfs *onwerkelijk* stil.

Odysseus keek naar zijn bemuizing en vroeg zich af: wat staat ons allemaal nog te wachten? Nog meer gevaar?

Ja. Het **GEVAAR** was nog niet geweken, maar Odysseus liet niets van zijn bange vermoedens blijken. Hij wilde niet dat zijn bemuizing nog **ANGSTIGER** werd dan ze nu al waren.

BELOOFD IS BELOOFD

Het schip doorkliefde het water met grote **VAART.**
Aan de horizon werden de omtrekken van Thrinacia, het eiland van de ZON, zichtbaar. ODYSSEUS wist wat er komen ging en zei tegen zijn makkers: 'Vrienden, het eiland van de zon is **GEVAARLIJK** voor ons! Het zit vol valstrikken en daarom vraag ik jullie niet aan te leggen maar door te varen. Geloof me, het is voor jullie eigen bestwil!'
Maar de bemuizing was *UITGEPUT* en uitgehongerd. Ze waren het roeien en de

lange reis vol hindernissen zat.

Eurylochus stond op en zei namens hen:

'Misschien kun jij zonder tussenstop, maar
wij niet. We zijn moe, uitgeput! We snakken
naar vaste **GROND** onder onze poten.'

Odysseus gaf met pijn in zijn hart toe: 'Goed,
ik snap het wel, maar jullie moeten me
beloven dat jullie de koeien met rust laten.
Ze zijn van de zonnegod Helius, en zijn straf
zal niet *mild* zijn!'

Dat beloofden ze plechtig.

Gerustgesteld riep Odysseus dat ze het

uit moesten werpen, en de bemuizing kon
aan land!

Het zonnetje scheen en de knagers genoten van de warmte die hen over hun **vermoeidheid** heen hielp.

Ze hielden netjes woord en niemand probeerde in de buurt van de koeien te komen.

Tegen zonsondergang waren ze weer klaar voor vertrek toen het weer opeens **betrok...**

EEN SLECHT IDEE

De hemel kleurde zwart en er brak **noodweer** los. Odysseus en zijn knagers konden niets anders doen dan het schip op het **strand** trekken. Het noodweer hield aan, uur na uur.

'We kunnen nu onmogelijk de ≈≈≈ op!' zei Odysseus. 'We zullen hier dus moeten blijven, misschien zelfs wel een paar dagen!'

De knagers waren het er mee eens: ze waren niet echt TELEURGESTELD, want zo konden ze nog wat langer uitrusten…

De dagen die volgden aten ze proviand uit de

voorraden van het schip.

ODYSSEUS was altijd in de buurt en verloor hen geen moment uit het **OOG.** Hij wilde niet het risico lopen dat er ook maar iets zou gebeuren.

Maar na verloop van tijd slonken de voorraden. De knagers werden **hongerig** en begonnen daarom vruchten te plukken en naar schaal- en schelpdieren te duiken. Maar ook die voedsel-bron raakte al snel uitgeput.

Odysseus besloot langs de kust te lopen en het eiland te VERKENNEN. Hij hoopte hier en daar wat eetbaars te vinden om mee te nemen op reis.

Odysseus liep het hele EILAND af, maar kon maar weinig vinden waarmee hij de honger van zijn bemuizing zou kunnen stillen.

Nadat hij **urenlang** had rondgelopen met een

lege maag, kon hij geen stap meer verzetten. Hij moest echt even uitrusten. **Hongerig** en ten einde raad vond hij onderaan een **ROTSPARTIJ** een beschermd plekje, en daar viel hij vrijwel onmiddellijk in slaap.

En laat nu net, tijdens dat slaapje van Odysseus, Eurylochus een slecht idee krijgen, een **HEEL SLECHT** idee.

Wat had hij namelijk bedacht: ze konden toch heus wel een paar van die koeien *lenen?* Dan zouden ze die nu slachten en opeten en als ze dan terug waren op Ithaca, dan zouden ze om het goed te maken een **TEMPEL BOUWEN** ter ere van Helius. Iedereen in de kring om hem heen was het met hem eens.

Niets kon tenslotte zo erg zijn als de vreselijke honger die aan hen **knaagde,** zelfs de straf van de zonnegod niet.

Dus zo gezegd, zo gedaan… de knagers renden met zijn allen naar de wei en begonnen de **DIKSTE** koeien te omsingelen.

Binnen de korste keren hadden ze er een aantal weten te vangen. Niet lang daarna rook het in de hele omgeving naar vers gebraden vlees.

Opeens kwam Odysseus eraan gerend; **WOEDEND** riep hij: 'Wat hebben jullie gedaan? *Beloofd is beloofd!* Jullie zouden met je **POTEN** van die beesten afblijven! Dat zijn de koeien van de god Helius, de god van de zon!'

Maar de knagers hadden geen enkele boodschap aan zijn woorden: integendeel, ze namen het vlees begonnen er smakelijk van te eten, net zolang tot hun buiken er **VOL** van zaten.

Na zich zeven dagen lang tegoed te hebben gedaan aan het **GEBRADEN VLEES,**

maakten de eigenwijze knagers zich, zonder ook maar een greintje **angst,** op voor het **VERTREK.**

Eurylochus was zeer tevreden met zichzelf. 'Zie je wel, Odysseus?' zei hij triomfantelijk en zelfvoldaan. 'Geen straf, en ook geen moeilijkheden! Je angst was totaal ongegrond!' Odysseus keek hem met een doordringende en **boze** blik aan, maar zei geen woord: hij had een voorgevoel, een duister **VOOR-GEVOEL** dat niet veel goeds voorspelde...

VERSLAGEN!

Ze voeren weg met de westenwind, en lieten Thrinacia achter zich. De kust van het eiland van de zon was al uit het zicht verdwenen toen opeens de lucht en de zee veranderden in een grote ANGST- AANJAGENDE zwarte vlek.

Harde rukwinden sloegen tegen het schip, en rukten aan zeilen en masten. Van onderen werd de aanval ingezet door enorme golven die zich tegen de boeg smeten. Dit was precies wat Odysseus verwacht had: dit NOODWEER was de straf voor het slachten van de koeien van Helius! Waarom had zijn bemuizing hun **POTEN** niet thuisgehouden? Waarom hadden ze niet geluisterd?

Opeens doorkliefde een **bliksem-schicht** de lucht; hij sloeg in het schip en het volgende moment lag de complete bemuizing in zee. Dat was de bliksem van Zeus!

Al zijn makkers werden door de golven verslonden. Alleen Odysseus wist zich aan een stuk van de MAST vast te grijpen dat toevallig voorbij dreef.

De wind blies hem TERUG, steeds verder in de richting waaruit ze gekomen waren, totdat hij weer terug was op het punt waar hij al eerder een deel van zijn bemuizing had **verloren** aan Scylla en Charybdis!

Toen hij vlakbij Charibdis was, wierp een **enorme** golf hem bijna tussen de tanden van het monster. Ze slokte de **wrakstukken** van Odysseus' schip op, zelfs de mast werd opgeslurpt.

Odysseus wist zich nog net vast te grijpen aan een uitstekende tak, en bleef daar hangen tot Charybdis alles weer uitbraakte wat zwaar op haar maag lag en ze niet kon verteren.

Hij greep de mast en verdween zonder dat Charybdis hem had opgemerkt. Van de bemuizing was geen spoor meer te bekennen.

Negen dagen en negen nachten werd hij **GEVANGEN** gehouden op en door de zee. Hij dobberde rond op het stuk mast, tot hij door een grote golf aan land gespoeld werd op Ogygia, het eiland van de nimf en halfgodin Calypso.

De verliefde Calypso

Odysseus bleef uitgeput liggen op het strand en liet zich verwarmen door de stralen van de zon.

Calypso had aan één blik op de **HELD** genoeg om verliefd op hem te worden.

Ze was maar wat trots dat ze deze *knappe* en **krachtige** knager onderdak kon bieden. En dat kon wat haar betreft niet lang genoeg duren.

Ogygia was een schitterend eiland met stromende beekjes en weides vol **BLOEMEN**; het rijk van Calypso leek een waar paradijs.

Odysseus werd verzorgd, bediend en met aandacht omringd.

Calypso probeerde iedere WENS van zijn snuit af te lezen.

De dagen vlogen voorbij en Odysseus sterkte snel weer aan. Calypso zat naast hem en luisterde aandachtig naar zijn avonturen, terwijl ze iedere dag VERLIEFDER werd. In het begin had Odysseus zich nog gevleid gevoeld en liet hij zich maar al te graag verwennen, maar op een dag had hij er genoeg van en wilde hij toch echt naar huis.

Calypso wilde hem niet laten gaan: 'Maar waarom dan, ODYSSEUS? Voel je je hier niet thuis, bij mij? Heb je niet alles wat je hartje begeert? We kunnen hier toch samen nog lang en gelukkig leven?'

Ze hield er niet van om afgewezen te worden.

Maar Odysseus was helemaal niet gelukkig. 'Calypso, ik blijf hier alleen maar omdat jij me niet wilt laten gaan… Maar als ik weg kon, als ik TERUG KON naar Ithaca, naar mijn vrouw, naar mijn zoon… ja, dan zou ik pas echt gelukkig zijn!'

Calypso rukte zich de haren uit het hoofd van verdriet.

'Hoe wilde je dat dan gaan doen, je hebt niet eens een schip?'

Maar Odysseus hield vol: 'Ik weet heus wel dat ik het nog moeilijk ga krijgen, want Poseidon geeft niet op. Maar dat is niet belangrijk, ik wil het in ieder geval proberen! Ik wil naar huis!'

Calypso ZUCHTTE DIEP en zei daarna

niets meer. Hetzelfde gesprek herhaalde zich
eindeloos, dag in dag uit... en iedere dag werd
Odysseus TRIESTER en Calypso wanhopiger.
En zo kwam het dat ze op een dag maar liever
niet meer met elkaar wilden praten.

Calypso wilde Odysseus koste wat het kost
vasthouden op Ogygia. Ze woonde al zo lang
op het eiland, dat niemand nog wist wanneer ze
er precies was aanbeland, en ODYSSEUS was
de ENIGE KNAGER die haar ooit had
bezocht, haar allereerste gast sinds een eeuwigheid.

Dit was haar enige kans op een beetje LIEFDE,
zo dacht ze.

En daarom hield ze Odysseus zeven jaar
lang gevangen, totdat op een goede dag
de godin Athene zich eindelijk zijn lot aantrok.
Zoals jullie al weten, besloot Athene haar favo-

riete held Odysseus, die zich zo moedig en listig had getoond in de oorlog van Troje, te gaan helpen om naar huis terug te keren...

En zo gaf Zeus aan Hermes de opdracht om als de wiedeweerga naar Ogygia te vertrekken. Op dat moment had Odysseus nog geen idee dat hij binnenkort weer OP WEG naar huis zou gaan.

Integendeel, hij had zich er al bij neergelegd dat hij zijn geliefde Ithaca nooit meer terug zou zien.

Hermes ijlde over LAND en ≈≋≈ met zijn gevleugelde sandalen. Na een poosje zag hij Ogygia aan de HORIZON opdoemen.

Er leek nu schot in de zaak te komen, eindelijk...

De goden hadden besloten dat Odysseus zijn

kracht en wijsheid voldoende had bewezen en waren met zijn allen van mening dat hij ongehinderd naar huis moest kunnen terugkeren.

Nou ja, niet allemaal... *bijna* allemaal.

Missie volbracht!

Toen Hermes bij Calypso aankwam, herkende de godin hem onmiddellijk. 'Vertel eens, Hermes! Heb je een boodschap voor me?' vroeg de godin GESPANNEN. Hermes probeerde zo NEUTRAAL mogelijk te klinken. 'Zeus heeft me gestuurd, Calypso. Je moet Odysseus laten gaan, naar huis. Dat is de wil van de goden.'
Calypso draalde, ze wilde het vertrek van haar held zo lang mogelijk uitstellen. 'Maar Hermes, ik heb geen schip voor Odysseus! Hoe moet hij dan naar Ithaca komen?'

Hermes had zijn antwoord al klaar: 'Maak je
geen zorgen, Calypso! Laat hem een VLOT
bouwen en meteen vertrekken. Wij zorgen voor
de rest!'

Calypso kon niets anders doen dan zich er bij
NEERLEGGEN. Ze kon toch niet zomaar
tegen de wil van Zeus ingaan!?

Nadat hij haar de boodschap had gebracht,
keerde Hermes terug naar de Olympus. *Zijn
missie was volbracht!*

Calypso bleef **TELEURGESTELD** achter.
Ze had geen enkele keus!

Ze liep naar Odysseus, die op
het strand was, en bracht hem
het **nieuws.**

Van het ene op het andere
moment veranderde ODYSSEUS
van een knager met een trieste

snuit in een **monstere** muis!

Toen ze deze verandering zag, sloeg zelfs het **HART** van de verwende en egoïstische Calypso een slag over van ontroering.

Odysseus wilde het liefst onmiddellijk *vertrekken,* maar hij moest eerst nog een vlot bouwen en proviand verzamelen voor hij op reis kon.

WANTROUWIG vroeg hij aan Calypso: 'Je verandert straks toch niet opeens weer van gedachten, hè Calypso? Beloof me dat je me niet meer probeert tegen te houden!'

Dat was een klap in het gezicht van de godin: 'Odysseus, mijn *hart* is niet van steen! Ik ben egoïstisch geweest, ik wilde je hier houden, maar niet omdat ik je kwaad wilde doen... dat nooit! Ik zal je zelfs helpen bij je vertrek!'

Calypso kwam haar belofte na en veranderde

niet meer van gedachten. Bovendien gaf ze Odysseus proviand voor onderweg en vele geschenken, vazen en andere kostbaarheden, om mee te nemen naar Ithaca in plaats van de oorlogsbuit uit Troje, die inmiddels al lang verloren was gegaan.

Odysseus kon het maar nauwelijks geloven: hij ging naar huis!

TERUG NAAR HUIS...?

Opgewonden was Odysseus begonnen met de bouw van het VLOT, dat groot en robuust moest worden, met een stevige mast in het midden om een groot zeil aan te *bevestigen.*

Calypso hielp waar ze maar kon, al vond ze het maar niets dat ze nu voorgoed afscheid van hem moest nemen.

Omdat ze tenslotte een godin was en dus goed op de HOOGTE was van wat er zich op de Olympus allemaal afspeelde, besloot Calypso hem te vertellen wat hij kon **verwachten**

voor hij thuis zou aankomen.

De ochtend waarop het vlot klaar was om te water gelaten te worden, trok Calypso haar mooiste kleren aan. Ze wilde nog één keer stralen.

Ze liep naar Odysseus en sprak: 'Odysseus, je gaat naar huis, maar weet dat je thuiskomst niet zonder problemen zal zijn!'

Hij keek haar boos aan: 'Alsof het tot nu toe GEMAKKELIJK was...

De goden zijn dus nog steeds niet tevreden? Wat willen ze nu weer van me?'

Calypso ZUCHTTE DIEP: 'Het is nog niet voorbij nee. De goden zullen je testen...'

Maar ODYSSEUS wilde het niet horen.

'Laat maar, Calypso. Ik ben niet BANG.

Als ik het tot nu toe gered heb, zal ik ook
dat kunnen doorstaan!'

Hij GLIMLACHTE naar de godin. 'Je bent
goed voor me geweest, Calypso. Je hebt me
meer gegeven dan ik ooit vroeg... Maar nu
moet ik gaan. Bedankt Calypso, *hartelijk
bedankt!*'

Nadat hij dit had gezegd sprong hij op het
vlot en zette af. Terwijl hij van het strand
wegdreef, hees hij het zeil en begon te roeien
met een grote roeiriem. Op naar open
zee!

De lucht was strak blauw!

Dagen achtereen verliep de vaart voorspoedig.
Elke avond controleerde Odysseus zijn koers.
Hij moest links aanhouden van het sterren-
beeld Orion, zoals Calypso hem had aangeraden.

Er was eten en drinken in overvloed en hij voelde zich sterk en vastberaden om zijn EINDDOEL te bereiken.

Hij had de wind in de rug en de goden hielden zich RUSTIG.

Zo voer hij zeventien dagen en nachten achtereen, terwijl het vlot de golven zonder enige moeite DOORKLIEFDE.

Odysseus begon hoop te krijgen: misschien was Calypso wel te PESSIMISTISCH geweest?

In de verte zag hij een EILAND; zou hij daar een tijdje uitrusten voor hij aan het laatste stuk naar Ithaca begon? Dat was precies de raad die Calypso hem had gegeven: Odysseus, rust uit op het eiland Scheria, daar wonen gastvrije muizen!

Hij lachte: dit keer verliep alles volgens plan!

Maar zijn **vreugde** zou van korte duur
zijn...

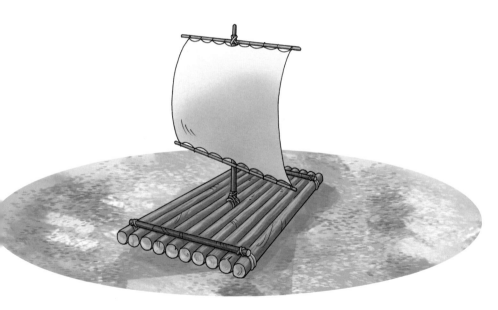

NOODWEER OP ZEE!

Van heel korte duur! Want plotseling kwam Poseidon *dreigend* achter het vlot tevoorschijn. De god van de zee was terug van zijn reis en **woedend** op Odysseus! 'Je hebt het hem weer geflikt knager, maar zo gemakkelijk kom je niet van me af!' Poseidon trok aan de teugels van de zeepaarden die over de golven galoppeerden. Hij riep regen en winden aan en prompt begon het te hozen en te **stormen**. Daarna raakte hij met zijn drietand water en lucht aan, waarop er een angstaanjagende duisternis ontstond en metershoge golven kwamen aanrollen.

Odysseus **trilde** van angst.

De storm smeet het vlot op de **WIT-SCHUIMEN-DE** golven heen en weer. Een windstoot **versplinterde** de mast en een andere nam bezit van het zeil. Door de wilde bewegingen van het **VLOT** sloeg Odysseus overboord en belandde hij in de onstuimige zee.

Met **PIJN** en **MOEITE** wist hij weer boven te komen.

Odysseus snakte naar adem en wist zich ten-

slotte aan het vlot vast te grijpen en er weer op
te klimmen.

Maar de winden gaven het nog niet op: ze blie-
zen het vlot *HEEN* en *WEER*, alsof het
een speelbal was. Ze speelden een spelletje met
ODYSSEUS!

Hij klampte zich stevig vast. Hij moest nu
uit het water zien te blijven, anders zou hij
verdrinken. Maar hij raakte *UITGEPUT*.
Poseidon keek tevreden toe hoe Odysseus wild
worstelde met de storm. 'Wist je niet dat
Polyphemus mijn zoon was? Hoe durf je mij uit
te dagen, de god die heerst over water en zee?!'
Toen **ZAG** Ino, een andere zeegodin en de
beschermster van alle zeeknagers, plotseling
wat er gebeurde.

Ze kon het niet aanzien: Poseidon, een god van
de berg Olympus, die het met al zijn **WOEDE**

opnam tegen een kleine knager! Dat was geen eerlijke strijd!

Toen ze zag hoe **WANHOPIG** de arme Odysseus was, besloot ze hem te hulp te schieten.

Ze veranderde zichzelf in een vogel, vloog naar de schipbreukeling en landde op het vlot, dat door de winden nog steeds wild op en neer en heen en weer werd geblazen.

Ino brulde: 'Trek je kleren uit en spring van het vlot, Odysseus! Hier, neem mijn sluier gebruik het als vlot! Laat je dan door de **stroming** naar het strand van Scheria **DRIJVEN**... dat eiland daar.'

Odysseus probeerde ieder woord te verstaan, maar door de *HARDE WIND* verstond hij slechts flarden van wat Ino hem toeriep.

'Als je op het vasteland bent, gooi je de sluier

in zee, *zo ver mogelijk!'*
Ino wierp Odysseus haar sluier toe
en vloog weer weg: 'Veel GELUK!'✳
ODYSSEUS ving hem op, maar
durfde niet van het vlot af te springen: het was zijn enige houvast... en
wat als de sluier niet werkte?
Hij was besluiteloos. Zou hij springen,
of toch niet? Nee, hij bleef op het vlot, tot er
niets meer van over was: dan zou hij de sluier
pas proberen.

De woede van Poseidon nam toe, de storm
werd heftiger en er kwam een ENORME
golf op hem af... toen spatte het vlot als
luciferhoutjes uiteen.

Nu had Odysseus alleen nog maar een korte
BOOMSTRONK om zich aan vast te
houden.

Hij had geen keus: hij moest in het water springen en zwemmen.

En zo deed hij wat hem was opgedragen: hij gebruikte de sluier, in een poging zijn muizenhachje te redden, en sprong.

Hij zwom voor zijn leven.

Moeizaam kwam hij vooruit, maar wist toch uit het centrum van het NOODWEER te ontsnappen.

Poseidon geloofde zijn ogen niet: die verhipte ODYSSEUS had het hem weer gelapt!

HOE WAS HET MOGELIJK?

Verward mompelde Poseidon: 'Je hebt ongelooflijke muizenmazzel, Odysseus! *Maar ik ben nog niet klaar met jou!*'

Na twee dagen en twee **nachten** zwemmen
en dobberen kwam Odysseus eindelijk in de
buurt van het **EiLAND** van de
Phaeaken. Met zijn laatste
KRACHTEN hield hij zijn
snuit boven water.

DE SLUIER VAN INO

Telkens als hij dacht niet meer verder te kunnen, greep Odysseus zich stevig vast aan de sluier en liet zich op de ⌇⌇⌇⌇ meevoeren.

De zon ging onder op de derde dag en het eiland Scheria was in zicht, maar Odysseus was volledig uitgeput…

Athene, die hem in de gaten hield, besloot de stroming de **JUISTE KANT** op te sturen… naar het eiland van de Phaeaken.

De zee die hem zo geteisterd had, redde nu zijn leven: de stroming stuwde hem voorwaarts tot hij de ruwe oppervlakte van een rots onder zich voelde. Buiten adem greep hij zich aan de ROTS vast, met de sluier van Ino tegen zijn lichaam aangeplakt.

Nog een klein stukje en hij zou op het VASTELAND zijn, maar hij kwam nauwelijks nog vooruit.

Was dat de monding van een rivier? Dat was zijn redding!

Odysseus nam een DUIK, en drijvend op het zoute water kwam hij op de oever van de rivier terecht, waar hij eindelijk vaste grond onder zijn POTEN voelde.

Hij gooide de sluier met een ferme zwaai in zee. *Zo ver mogelijk,* had ze gezegd, en dat deed hij. Toen rolde hij zich op in het zand en viel uitgeput in slaap.

DE DROOM VAN NAUSICAÄ

In het paleis van de Phaeaken, niet ver van het strand, sliep prinses Nausicaä.

Haar kamer was in **duisternis** gehuld en de omgeving was muisstil.

Opeens verscheen er een schim aan het bed van de prinses. Het was Athene! Ze had zich **vermomd** als de dochter van de scheepsbouwer Dymas, de beste vriendin van Nausicaä!

Athene fluisterde haar in het oor:

'Nausicaä… luister… morgenochtend moet je naar het strand gaan… was je kleren, wie weet ga je binnenkort wel trouwen. Neem je bedienden mee en maak er een leuk dagje van… er is iemand die je nodig heeft!'
Terwijl de godin sprak, verscheen ze in de droom van Nausicaä, nog steeds vermomd als haar beste vriendin. Toen de prinses wakker werd herinnerde zij zich haar DROOM.
Ze vroeg aan haar vader of ze naar het strand vlakbij de riviermonding mocht om haar kleren te WASSEN.
Het was een prachtige dag met een stralende zon in een strakblauwe lucht.
De prinses en haar bedienden wasten hun kleren en speelden daarna met een leren bal in het zand. Nausicaä voelde zich BLIJ en opgewekt. Ze gooiden over met de bal, waarbij

het de bedoeling was om hem niet te laten
vallen.

Zo kwamen ze lachend bij de riviermonding
aan, waar de rivier en de zee samen-
stroomden.

In haar enthousiasme gooide Nausicaä de bal
VEEL TE VER weg, en het lukte de
andere speelster niet om hem te vangen.

De OPGEWONDEN kreten wekten
Odysseus. Hij sprong op.

wat was Dat?

Wie SCHREEUWDe DaaR?

Waar KWaM De SCHREEUW VanDaan?

Langzaam kwamen zijn herinneringen aan het
noodweer en zijn **schipbreuk** weer terug.
Zijn kop voelde zwaar en zijn lichaam deed

verschrikkelijk veel pijn.

Alsof dat nog niet genoeg was, zag hij er ook nog als een schipbreukeling uit: vol schrammen en blauwe plekken, met stijve spieren en een ongekamde haardos. Hij was een schim van zichzelf!

Hij vroeg zich af hoe hij aan deze kust was terechtgekomen, maar het bleef mistig in zijn kop.

Was hij op Scheria? Of had het noodweer hem ergens anders heen geblazen?

En wie woonden hier? Gastvrije knagers of GRUWELIJKE monsters?

Zo enthousiast en nieuwsgierig als hij was geweest aan het begin van zijn REIZEN, zo afwachtend en wantrouwig was hij geworden na alle ongelukken en pech die hem hadden achtervolgd.

ODYSSEUS stond op, hij wilde zich niet opnieuw in de problemen storten… maar de **NIEUWSGIERIGHEID** won het. Hij deed een paar stappen en viel toen onder een olijfboom weer neer. Hij hoorde iemand aankomen. Snel plukte hij een grote **olijftak** en bedekte zich hiermee.

Hij zag een paar muizinnen, die met open snuitjes naar hem stonden te kijken. Ze stonden stokstijf van schrik, en een aantal maakten al dat ze wegkwamen. 'Help! Een **WILDE!** Wegwezen!'

Maar Nausicaä bleef als enige staan, en riep: 'Nee! Wacht! We weten niet eens wie hij is! Ik heb vannacht iets gedroomd… een **VREEMDE** droom…'

Een van de muizinnen riep vanachter de bosjes waar ze verstopt zat: 'Prinses, vergeet je droom! Maak dat je wegkomt!'

Maar Nausicaä was niet **bang**, in tegendeel, ze liep op de vreemdeling af, want Athene zelf sprak haar **MOED** in voor deze ontmoeting op het strand.

Odysseus had geprobeerd op te staan en was toen weer op de grond gevallen: hij was zo verzwakt dat hij niet eens de ene **POOT** voor de andere kon zetten!

In tegenstelling tot haar bedienden zag Nausicaä in deze verschijning geen wilde, maar een *ARME* schipbreukeling.

De prinses draaide zich om naar haar bedienden en zei:

'Deze knager heeft hulp nodig!'

Ze liep op Odysseus af en knielde bij hem
neer...
...maar dat wisten we al.

En dat wisten ook de Phaeaken die aandachtig
hadden zitten luisteren naar het lange
verhaal van ODYSSEUS.

WAT EEN VERHAAL!

Toen Odysseus klaar was met zijn
lange, spannende verhaal, was het
muisstil in het paleis van de Phaeaken.
Odysseus had hen al zijn avonturen verteld:
van het vertrek uit Troje tot aan zijn aankomst
hier in het paleis van Alcinoüs.
De Phaeaken hadden met spanning geluisterd.

'Zoveel pech!'

'ZOVEEL MOED!'

'ONGELOOFLIJK!'

Odysseus had urenlang verteld en niemand had
hem onderbroken, niet een keer!

Alcinoüs was misschien wel het meest onder de indruk. Hij die eruit had gezien als een halve wilde, een schipbreukeling, was niet alleen een koning maar nog een **held** ook! Hij moest en zou hem helpen!

Maar de koning maakte zich ook zorgen: het was duidelijk dat Poseidon, de god van de zee, boos op hem was. Hij had hem op alle mogelijke manieren tegengewerkt.

De Phaeaken waren het uitverkoren volk van Poseidon... Hoe gevaarlijk was het voor hen als ze ODYSSEUS zouden helpen? Ze moesten voorzichtig zijn: een god tegen de haren instrijken is niet slim! Nee, dat is een slecht idee!

Maar ondanks alles besloot Alcinoüs dat hij Odysseus, de grote held, moest helpen. En Poseidon zou zijn geliefde volk toch niet in de steek laten?

Odysseus onderbrak de gedachten van de koning: 'Dit was het verhaal van mijn GELUK✤ en mijn tegenspoed. Mijn lot ligt in jouw poten, Alcinoüs!'

Iedereen hing aan de lippen van de koning. Alcinoüs **ANTWOORDDE:** 'Je bent een schipbreukeling, een moedige schipbreukeling, Odysseus. We zullen je helpen, zoals we alle schipbreukelingen helpen die hier bij ons aanspoelen! Je zal morgen VERTREKKEN!'

Odysseus wist niet wat hij hoorde of moest zeggen: wat een opluchting!

Er vertrokken onmiddellijk een paar boodschappers naar de haven om de zeeknagers de nodige bevelen te geven.

Het vertrek zou de volgende ochtend zijn en

alle Phaeaken wilden helpen om het *SNELSTE*
en **STERKSTE** schip gereed te maken.
Iedereen werkte koortsachtig: ze waren echt
geraakt door het verhaal van Odysseus!
Het schip werd volgeladen met kostbaarheden, proviand en water. De Phaeaken
wisten van geen ophouden, wat een *vrijgevigheid!* Niet alleen de edelmuizen, maar ook de
gewone knagers brachten geschenken.
De haven bruiste van activiteit. Alcinoüs
zorgde ondertussen voor de bemuizing van
het schip.
Ook de volgende dag werd er nog druk
gewerkt, en natuurlijk wilde iedereen ook nog
afscheid nemen, zodat het al avond was voordat ODYSSEUS eindelijk kon vertrekken.
Poseidon had vanaf de zeebodem gemerkt dat
er iets gaande was bij zijn geliefde Phaeaken.

'Wat gebeurt daar toch? Waar is al die drukte voor?' vroeg de god van de zee zich af.

Vanaf het moment dat Odysseus zich had weten te redden met de sluier van Ino, had de god van de zee zich even niet meer met hem bemoeid. Sterker nog, hij wist niet eens waar hij was en hoe het hem ging.

Nieuwsgierig geworden kwam hij boven een KIJKJE nemen. En wat hij daar zag stond hem helemaal niet aan…

In de haven lag een GROOT schip klaar om uit te varen. En dat was nog niet alles…

Aan boord zag hij niemand minder dan Odysseus, de held die hij, Poseidon, koste wat het kost wilde tegenhouden. Hij stond versteld: Odysseus, klaar om naar Ithaca TERUG TE KEREN? Zag hij dat goed, brachten zijn geliefde Phaeaken hem naar huis?

Poseidon **ONTPLOFTE:** 'Nu zijn ze te ver gegaan! Ik heb me beheerst, omdat ik niet tegen de wensen van Zeus wilde ingaan, maar dit is een regelrechte **BELEDIGING** aan mijn adres! Een regelrechte uitdaging!'

De god dook weer onder water, terwijl er van alles door zijn hoofd schoot.

Dit zou de Phaeaken duur komen te staan! Odysseus, die van dit alles geen idee had, stond GLIMLACHEND aan dek en keek toe hoe het anker werd gelicht.

Vanaf de kade klonken bemoedigende kreten:

'HOU MOED, ODYSSEUS!'

'JE GAAT HET REDDEN, JE ZULT HET ZIEN!'

Alcinoüs en Arete glimlachten tevreden.

ODYSSEUS riep naar het koningspaar: 'Ik kan
jullie nooit genoeg bedanken voor wat jullie
voor mij hebben gedaan! Veel GELUK,
Phaeaken, nu en voor altijd!'

De bemuizing maakte de touwen los en het
schip voer de haven uit.

Odysseus LACHTE: Ithaca lag voorbij
de horizon…

Opeens ZAG Odysseus alles
weer voor zich: het huis, zijn
familie, het kleed van
Penelope, de glimlach van zijn
zoon Telemachus… alles wat
hij al twintig jaar niet meer
gezien had, maar zich nog wel
herinnerde.

DE TWIJFEL VAN ODYSSEUS

De wind stond gunstig en de lucht was helder. Voor de eerste keer sinds lange tijd voelde Odysseus dat hij op weg was naar huis! Dat maakte hem gelukkig, maar ook bezorgd. Het was een **wirwar** van gedachten in zijn kop...

Stel dat hij Ithaca zou bereiken, was alles dan nog zoals hij het had achtergelaten?

Dat leek bijna **ONMOGELIJK:** hij was *twintig jaar* weggeweest!

Wie weet wat Penelope allemaal was overkomen! En hoe zou het met zijn vader, Laërtes, gaan? Zijn moeder was hij in het dodenrijk tegengekomen, dat wist hij al…

En de kleine Telemachus: die was natuurlijk GEGROEID, en hoe! Dat was nu een grote muis. En het PALEIS? Had iemand er ook maar iets aan veranderd tijdens zijn afwezigheid? En zou Argus, zijn trouwe hond, nog leven?

Hoe dichter hij bij Ithaca kwam, hoe meer er door zijn kop SPOOKTE.

Het schip voer rustig verder terwijl de avond viel.

Maar Odysseus kon niet slapen en daarom ging hij op de boeg staan om naar de HORIZON te staren. Het was een heldere nacht: de sterren straalden aan de hemel en een grote volle maan spiegelde zich in het water van de zee.

Dat fraaie spektakel gaf Odysseus nieuwe

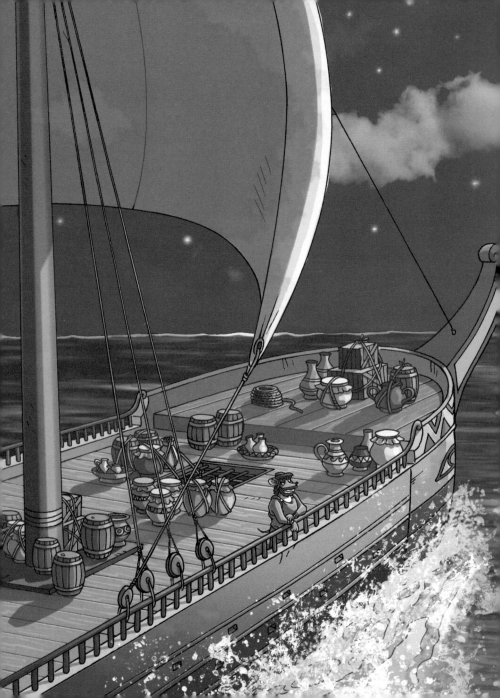

moed: ja, hij zou aankomen op Ithaca en zijn
Penelope en Telemachus weer kunnen omhelzen.
Piekeren had geen zin!

Dus bleef hij opgewekt op de boeg staan,
tot de zon opkwam.

Opeens doemde er aan de horizon een
ROTSACHTIGE kust op: het was ITHACA!
Odysseus lachte van blijdschap, en maakte
zich samen met de bemuizing klaar om aan te
meren.

Op Ithaca had je een oude haven, die HALF
VERSCHOLEN lag, en een druk bevolkte
nieuwe haven. In de oude haven stond een
reusachtige olijfboom.

Toen Odysseus de olijfboom ZAG, gaf hij
bevel om de KOERS daarop af te stemmen.
Het grote schip van de Phaeaken was veel te
opvallend en Odysseus wilde niet dat zijn thuis-

komst opgemerkt werd, tenminste niet meteen.
Wie weet wat er allemaal veranderd was op
Ithaca in al die jaren. Het was beter eerst een
kijkje te nemen, in VERMOMMING,
voordat hij zich liet zien.

Odysseus liet de Phaeaken dus afkoersen op de
oude haven. Ze waren er nu bijna, maar opeens
werd hij overvallen door een enorme vermoeidheid, en viel in een diepe SLAAP. De bemuizing geloofde hun ogen niet, hij was als een
BLOK in slaap gevallen, ongelooflijk! Net
nu ze er bijna waren!

ODYSSEUS kon er zelf niets aan doen: Athene
had hem in slaap gesust, zodat hij, zonder
GEZIEN te worden, Ithaca veilig zou
bereiken. De zeeknagers besloten hem niet
wakker te maken, maar slapend en wel op het
strand te leggen.

Zo zachtjes mogelijk, gewikkeld in een stuk
zeildoek, brachten ze hem aan land en legden
hem aan de voet van de enorme olijfboom neer.
Odysseus merkte er niets van en sliep gewoon
door.

De knagers brachten alle geschenken en
proviand die Alcinoüs en Arete hem hadden
meegegeven aan land en zetten die voorzichtig
om hem heen.

Hun MISSIE was geslaagd, ze gingen
tevreden weer aan boord en zetten koers
RICHTING het eiland Scheria terwijl ze
Odysseus achterlieten op het strand van zijn
GELIEFDE Ithaca.

Maar de bemuizing van het eiland Scheria,
de gastvrije Phaeaken, wist nog niet wat
voor een hoge prijs ze voor deze daad van
medemuiselijkheid moest betalen…

En zo gingen ze, zonder ook maar iets te vermoeden, op **WEG** naar huis, in het licht van
de opkomende zon.

EEN SCHIP VAN STEEN

Het schip had de boeg gewend om koers te zetten naar Scheria. De zee was rustig en het zonnetje scheen. Maar daar diep beneden, op de bodem van de zee, stond Poseidon op **ONTPLOFFEN.** Hij weigerde te accepteren dat Odysseus het had gehaald!

Woedend riep de god van de ≈≋≋ naar Zeus: 'Oppergod Zeus, hoe heb je dat kunnen doen? ODYSSEUS heeft mij beledigd, mijn eer aangetast, en nu mag hij vrolijk zijn thuiskomst gaan vieren op Ithaca? Dat kan toch niet?!'

Zeus wees hem terecht: 'Poseidon, wat is dat allemaal voor een **KABAAL?** Wat heb je te jammeren?'

Poseidon antwoordde: 'Odysseus heeft mijn zoon Polyphemus zwaar VERWOND, en toch help je hem. En alsof dat nog niet genoeg is, heb je ook toegestaan dat het mijn geliefde volk, *de Phaeaken,* was die hem naar huis brachten!

Ik voel me belachelijk gemaakt!'

Zeus bromde: 'Goed, Poseidon, misschien zijn we een beetje te ver gegaan... Maar Athene heeft nu eenmaal een zwak voor hem! Bovendien heb ik er schoon genoeg van om altijd weer jullie problemen op te moeten lossen!'

'Maar mag ik dan tenminste de Phaeaken

straffen?' vroeg Poseidon, de god van de zee, opgewonden.

Zeus ZUCHTTE ongeduldig: 'Doe wat je wilt, Poseidon! Ik wil er niets mee te maken hebben! Ik ben jullie geruzie zo zat!'

Na deze woorden verdween Zeus en Poseidon dacht erover na hoe hij de Phaeaken kon STRAFFEN. Hun bemoeienis zou hen duur komen te staan, dat was zeker!

Ter hoogte van het eiland Scheria hield Poseidon zijn zeepaarden in en bleef daar wachten op het schip van de Phaeaken.

Na een paar uur zag hij hen eindelijk in de verte naderen. Toen ze binnen handbereik waren, nam de god zijn DRIETAND en raakte het schip er snel mee aan… Als bij toverslag veranderde het met bemuizing en al in *steen!*

Daar stond het schip van de Phaeaken, als een

MONUMENT, midden op de zee!
Poseidon reed tevreden de rol-
lende, SCHUIMEN-
DE golven in. Zijn plan was
gelukt: het stenen schip zou daar
voor altijd blijven staan, om de
Phaeaken eraan te herinneren dat
niemand zich met GODDELIJKE
ZAKEN diende te bemoeien!
In de haven van Scheria stonden heel
wat knagers met open snuit toe te kijken. Een
aantal van hen renden RATTENRAP
naar het paleis en vertelden Alcinoüs wat ze
hadden gezien.
De koning SCHROK zich een ONGELUK.
Poseidon had hen gestraft voor het helpen van
Odysseus! De Phaeaken waren zijn geliefde
volk en juist zij hadden zich TEGEN HEM

gekeerd, althans zo voelde dat voor Poseidon!
Alcinoüs deelde zijn gedachten met zijn onder-
danen: 'Phaeaken! Poseidon heeft zich gewro-
ken voor de hulp die wij Odysseus hebben
geboden. Het STENEN SCHIP zal ons
voor altijd aan zijn woede herinneren!'
De Phaeaken keken elkaar vragend aan:

'Maar wat hebben we dan fout gedaan?'

'We hebben een schipbreukeling thuisgebracht,
daar kan toch niemand tegen zijn?'
'Heeft Poseidon ons daarvoor **gestraft?**
Maar hij vond ons altijd zo aardig, hij heeft ons
altijd geholpen!'
'We hebben Odysseus volgens de regels van
de gastvrijheid ontvangen, zoals het hoort.'
Een van de raadsmuizen van Alcinoüs kwam
naar voren en vroeg **verbaasd:** 'Wat moeten

we dan doen? Een drenkeling in nood niet meer helpen en hem gewoon aan zijn lot overlaten? Alcinoüs **ijsbeerde** peinzend door de grote zaal en antwoordde tenslotte wanhopig: 'We moeten de straf van Poseidon accepteren. Geloof me, we hebben geen Keus! Wij zijn maar een klein muizen- volkje, hoe kunnen we het ooit opnemen tegen een GOD?'

Koningin Arete luisterde net als alle andere omstanders aandachtig naar haar man. Toen hij was uitgesproken, ging ze naast hem staan en zei bezorgd: 'Maar Alcinoüs… wil je dan zeggen dat we nooit meer aardig tegen iemand mogen zijn?'

De koning dacht even na en legde toen geruststellend zijn  op haar schouder. Hij schudde zijn kop en sprak: 'We zijn tegen de wil van Poseidon ingegaan, en je ziet nu wat voor vreselijke problemen ons dat oplevert... We zullen voortaan niet minder aardig zijn, maar zullen vanaf nu wel **HEEL GOED** moeten oppassen!'

DE TROUWE EUMAEUS

Toen Odysseus wakker werd in de oude haven van Ithaca, hing er een MISTFLARD om hem heen. Dat was natuurlijk weer het werk van Athene, zo had ze hem voor de bewoners van Ithaca onzichtbaar willen maken.

Odysseus lag helemaal alleen, aan de voet van de oude olijfboom, te midden van alle geschenken van de Phaeaken.

Hij bleef nog even liggen en keek verbaasd om zich heen.

Opeens verscheen de godin Athene naast hem,

vermomd als een jonge knager.

ODYSSEUS vroeg de knager: 'Waar ben ik?
Hoe heet het hier?'

De jongemuis antwoordde: 'Ithaca! Maar waar
komt u vandaan?'

'Van Kreta!' zei Odysseus **sluw,** en hij vertelde
nog een lang verhaal over avonturen die hij
helemaal niet beleefd had.

Plotsklaps veranderde de jonge knager weer in
de godin Athene, die Odysseus ervan beschuldigde een onverbeterlijke *jokkebrok* te
zijn… maar ze kon zoals gewoonlijk niet lang
boos op hem blijven.

'Goddelijke Athene, ik ben eindelijk thuis!'

De godin LACHTE: 'Ja, Odysseus, je bent op
Ithaca!' Ze liet de mist optrekken.

Op Odysseus' snuit verscheen een dolgelukkige
lach: 'ITHACA! NA AL DIE JAREN!'

Maar Athene remde zijn enthousiasme af: 'Voor je naar je familie kunt, moeten we een plan maken; er is een heleboel veranderd sinds je weg bent gegaan...'

Odysseus DACHT NA: 'Waarom? Wat is er dan gebeurd? Mijn twijfels waren dus toch terecht!'

De godin legde uit: 'Je paleis wordt al jaren belegerd door vrijers. Ze willen dat Penelope met een van hen TROUWT. Nu is je zoon onlangs naar Menelaüs gegaan om hem naar jou te VRAGEN...'

Odysseus onderbrak haar en zei boos: 'Vrijers in mijn huis? Hoe durven ze?'

Athene probeerde hem te kalmeren. 'Luister goed naar me, Odysseus, blijf kalm!'

Odysseus moest de neiging om **RATTEN-RAP** naar zijn paleis te rennen onderdrukken. De godin vertelde verder: 'Ik **Vermom** je als een bedelaar... dan zal niemand je herkennen. Je zult beledigingen toegeroepen krijgen, maar zo kun je de situatie tenminste eerst eens goed **OPNEMEN.** Dan kun je daarna besluiten hoe je de zaak moet aanpakken.'

Odysseus was het met haar eens.

Athene zei: 'Dan ga ik nu naar Penelope en Telemachus en vertel hen dat je thuis bent. Jij gaat ondertussen naar de hut van Eumaeus, een van je *trouwe* bedienden, en vraagt hem om onderdak...'

ONTROERD riep Odysseus uit: 'Eumaeus! Dus die leeft nog! Mijn trouwe varkenshoeder...' Hij was zo in gedachten verzonken dat hij niet eens merkte dat Athene alweer verdwenen was

en hem in een bedelaar had **VERANDERD**.
Zijn huid was grauw, zijn levendige ogen leken
uitgeblust; hij had een lange baard gekregen en
zijn fraaie haardos was veranderd in een bos
grijze plukken. Om zijn schouders hing een
tuniek van **vodden**.

Odysseus keek om zich heen: zijn geliefde
Ithaca, zijn thuis! Vol goede moed ging hij
op pad naar de hut van **EUMAEUS,** de
varkenshoeder die hij zo goed kende.
Zonder problemen vond hij de weg:
de hut lag er nog precies zo bij als
twintig jaar geleden.
Een heleboel varkens
rolden knorrend in
de modder.
Eumaeus was net de beesten
aan het voeren en hoorde door

het luide geknor helemaal niet dat er iemand aankwam.

Odysseus liep naar hem toe. Eumaeus was *ouder* geworden, maar leek nog even sterk en aardig als altijd. Toen hij ODYSSEUS zag herkende hij hem natuurlijk niet, hij zag een bedelaar.

'Vreemdeling wat voert je hier naartoe? Je ziet er moe uit... Kom binnen in mijn hut! Hij is klein maar er is plaats genoeg voor twee...' Eumaeus bood hem te ETEN aan. Odysseus bedankte hem alleen met gebaren, zonder een woord te zeggen. Maar Eumaeus, die alleen leefde, had wel zin in een praatje: 'Tja, in Ithaca vind je tegenwoordig niet meer zo veel gastvrijheid. Ooit was het anders... We hadden een goede koning, de beste van de hele wereld!'

Odysseus lachte stiekem achter zijn capuchon. Eumaeus vroeg hem: 'Maar vertel eens! Wie ben je? Hoe ben je hier gekomen? Ik geloof niet dat ik je ooit eerder heb GEZIEN...'

Odysseus verzon een verhaal over een krijger, een krijger met tegenspoed, die al jaren ROEMLOOS rondtrok en veel strijd had moeten leveren, waarbij hij al zijn muizen had verloren.

Eumaeus luisterde aandachtig.

Zo KLETSTEN ze heel wat af, tot het avond werd. Eumaeus bood hem een deken aan voor de nacht en liet hem slapen in zijn hut. Odysseus dankte hem hartelijk. Voor hij in slaap viel, bedacht hij hoe hij de volgende dag zijn paleis zou heroveren.

Die vrijers hadden een LESJE nodig, en hij wilde maar wat graag hun leraar zijn!

Eindelijk samen!

De vrijers hadden van alles geprobeerd om Telemachus tegen te houden bij zijn terugkeer vanuit Sparta. Zo hadden ze hem opgewacht in een nauwe zeestraat, maar het plan van Antinoüs was finaal **MISLUKT.** Athene had Telemachus namelijk op de hoogte gebracht van het **complot** en de jonge-muis was er in geslaagd de hinderlaag te om-zeilen.

In plaats van naar het paleis was hij, zoals Athene hem had **aangeraden,** naar de hut van de oude Eumaeus gegaan.

Ondertussen zat Odysseus, nog steeds vermomd als bedelaar, samen met de varkenshoeder aan het ontbijt, toen ze iemand met
ferme stappen hoorden aankomen.
Eumaeus herkende de stappen en liep naar
buiten om zijn gast *WELKOM* te heten. Ook
Odysseus liep naar buiten en zag hoe Eumaeus
de jongemuis hartelijk **omhelsde** en hem
vroeg binnen te komen.
Odysseus nam de jonge knager van kop tot
staart op. *Maar dat kon toch niet waar zijn?*
Ja hoor... het was hem echt! Telemachus!
Hij was een volwassen knager geworden! En
wat leek hij op hem! Een *GESPIERDE* bouw
en een adellijke snuit...
Odysseus' ogen vulden zich met **tranen.**
De anderen hadden niets in de gaten, en hij
VERSTOPTE zijn snuit in zijn capuchon.

Zodra hij de bedelaar zag, liet Telemachus Eumaeus los en liep op hem af. Hij begroette hem *vriendelijk*. Hij had hem duidelijk niet herkend.

Toen draaide Telemachus zich om naar de varkenshoeder: 'Beste Eumaeus, ik wil je om een gunst vragen! Mijn MOEDER weet nog niet dat ik terug ben, maar als ik naar het paleis ga, kom ik daar de vrijers tegen. Zou jij naar mijn moeder willen gaan en haar vertellen dat ik hier ben?'

Eumaeus stond al klaar om te vertrekken: 'HEEN en TERUG, zo snel als ik kan!'

Odysseus en Telemachus bleven alleen achter. Ze GLIMLACHTEN naar elkaar, maar wisten niet goed wat ze moesten zeggen; de een van **ONTROERING,** de ander uit verlegenheid.

Maar toen kwam Athene tussenbeide en gaf

Odysseus zijn eigen uiterlijk terug.

De voddentuniek viel op de **GROND** en daar
verscheen Odysseus, groot en sterk, voor de
ogen van Telemachus.

Telemachus keek ongelovig en geschrokken
naar de **TRANSFORMATIE,** zijn ogen
groot als schoteltjes van verbazing.

Hij **strompelde** achteruit en
stamelde: 'Maar... maar... wie
ben jij? Ben je een **GOD,** of zo?'

Odysseus pakte hem vast en zei
vriendelijk: 'Nee, Telemachus! Ik
ben het, je vader! Ik ben eindelijk
thuis!'

Telemachus kon het niet **geloven** en
vroeg: 'Mijn vader? Hoe weet ik dat zeker?
Wie zegt me dat je geen bedrieger bent?'

Odysseus vertelde hem over Ithaca, over zijn

familie, en over dingen die alleen hij kon weten. Hij vertelde maar door en langzaamaan raakte Telemachus overtuigd... Die snuit, die sprekend leek op die van hemzelf... en die stem, het was net of hij die herkende, ook al was het lang geleden...

De jongemuis kon zijn ogen niet meer droog houden en omhelsde Odysseus. 'Papa! Je bent het echt!'

Vader en zoon bleven heel lang zo staan, elkaar omhelzend en zachtjes pratend, als twee vogeltjes in een nest.

Toen ze elkaar eindelijk loslieten, zei Odysseus: 'Zoon, ik weet dat de situatie in het paleis rampzalig is...'

Telemachus sloeg zijn ogen neer. 'Mama heeft nooit geluisterd naar de praatjes van knagers die vertelden dat je DOOD was, ze is je altijd trouw gebleven! Maar ze weet niet meer hoe ze de vrijers op afstand moet houden. Ze wonen zowat in ons paleis en gedragen zich alsof zij de heren des huizes zijn en de koningen van het eiland! Ik was niet **STERK** genoeg om ze te verjagen...'

'Maak je geen zorgen,' viel Odysseus hem in de rede. 'Je bent een jongemuis en ontzettend **dap-per.** Meer kon je niet doen! We zullen ze samen eens een lesje leren, die vrijers!'

Toen hij dat hoorde was Telemachus enorm opgelucht. Maar hij waarschuwde Odysseus: 'Pa, het zijn heel veel vrijers, en ze zijn heel **vasthoudend!'**

Odysseus pakte hem zachtjes bij zijn kin, keek hem in de **OGEN** en zei: 'Vertrouw op me,

zoon! Morgenochtend ga je naar huis. Zeg niets, tegen niemand. Niemand mag weten dat ik terug ben. Ik kom als **bedelaar.'**
Telemachus knikte.

Zijn vader ging verder: 'Als de vrijers me dan zien, een oude zwakke knager, zullen ze me vast bespotten, maar jij doet niets. Heb geduld en wacht af. Dan verzamel je heel onopvallend alle WAPENS van de vrijers en verstop je ze!'

'Vader, ik doe alles wat je zegt… maar weet je zeker dat je tot morgen wilt wachten, zullen we niet nu gaan?' vroeg Telemachus verbaasd.
Odysseus schudde van nee, **ZEKER** van zijn zaak.

'*Nee! Nu niet!* Niet vanwege de vrijers; als niemand weet wie ik ben kan ik meteen de bedienden op de proef stellen, om te zien wie *trouw* is en wie niet! Zo kan ik alles goed voorbereiden.'

Telemachus keek hem met een blik van bewondering aan, hij was trots op zijn vader: dat waren dus die BEROEMDE listen waar hij bekend om stond!

Odysseus en Telemachus bereidden zich voor om samen de vrijers te verjagen.

Die **nacht** bleven ze in de hut slapen, zonder Eumaeus de ware identiteit van Odysseus te onthullen.

De varkenshoeder was bij het paleis aangekomen en had Penelope toegefluisterd dat Telemachus terug was.

De koningin slaakte een ZUCHT van opluchting.

De vrijers die zich in het paleis tegoed deden aan drank en voedsel, zagen de twee fluisteren

en raakten daardoor behoorlijk geïrriteerd.
Ze hadden al gezien dat het SCHIP van
Telemachus aan de kade in de haven lag,
ook al was er van de jongemuis geen spoor.
Niemand had ook maar enig idee waar hij kon
zijn gebleven!
Antinoüs was het **KWAADST** van allemaal, en
stond op het punt zijn geduld te verliezen:
Telemachus die op pad ging om naar zijn
vader te zoeken, dat doorkruiste al zijn
plannen!
Antinoüs was de **STERKSTE** van
allemaal en ook de rijkste. Hij
was er dan ook van overtuigd dat
hij met Penelope zou trouwen. Hij
voelde zich al koning van Ithaca en
gedroeg zich daar ook naar.
Alsof dat nog niet genoeg was, was

hij ook degene die ontdekt had dat Penelope
een list gebruikte. Een list die ODYSSEUS
had kunnen bedenken: de koningin had beloofd
dat zij een echtgenoot zou uitkiezen als het
kleed waaraan zij werkte klaar was. Maar
Penelope WEEFDE overdag en 's nachts
trok ze alles weer uit, om op die manier het
HUWELIJK zo lang mogelijk uit te stellen!
Nu hij dit wist kon de koningin deze LIST
niet langer meer gebruiken. Antinoüs had alle
vrijers op de hoogte gebracht en sindsdien
werd Penelope heel goed in de gaten gehouden.
Nu kon alleen Telemachus nog maar roet in
het eten gooien…

DE ARROGANTE MELANTHIUS

e volgende ochtend werd Telemachus al vroeg wakker en ging hij op weg naar het paleis. Daar aangekomen werd hij door Penelope OMHELSD: 'Eindelijk,' zuchtte ze. 'Je bent terug! Ik maakte me zo'n zorgen!'

De jongemuis stelde haar gerust: 'Je hoeft je geen zorgen te maken. Ik red me wel!'

Penelope GLIMLACHTE: 'Ik ben trots op je… Maar vertel: weet je al wat meer over je vader?

Wat hebben Nestor en Menelaüs je verteld?'
Telemachus **aarzelde** even: 'Eh... Ze wisten
ook niet veel, maar ik ben wel gerustgesteld:
we moeten de hoop niet opgeven! Odysseus zit
binnenkort weer op de troon... ik voel het!'
Penelope's **OGEN** stonden vol tranen.
Ondertussen waren de vrijers in de paleistuin
aan het sporten; ze hielden wedstrijdjes discus-
en **SPEERWERPEN,** om te kijken wie
het sterkst en behendigst was.
Terwijl de wedstrijden werden gehouden, was
Eumaeus op weg naar het paleis, met Odysseus
in zijn kielzog. Odysseus steunde zwaar op een
stok, alsof hij moeite had met lopen.
Op een kruispunt kwamen ze een **arrogante** knager tegen. Odysseus herkende
hem onmiddellijk: het was de geitenhoeder
Melanthius, de meest onsympathieke knager

van zijn hele hofhouding. Toen Melanthius Eumaeus zag begon hij te SCHELDEN: 'Wat doe je hier, ouwe? Is dat je nieuwe vriend? Die heeft al lang geen BAD meer genomen zo te zien! Ik heb nog wel een baantje voor hem: hij kan de stallen schoonmaken! Vies is hij toch al!' Toen wendde hij zich tot Odysseus en brulde zonder hem aan te kijken: 'Scheer je weg, bedelaar! Hier valt niets te halen!'

Eumaeus zei nog: 'We moeten juist aardig zijn voor muizen in nood. Hoor jezelf nu eens, Melanthius! Deze bedelaar kan je nog heel wat leren, hij heeft betere manieren dan jij!'

Terwijl de twee knagers op elkaar stonden te KATTEN, hield Odysseus zich afzijdig: als hij wilde dat zijn plan zou

slagen, moest hij nog even onbekend blijven.
Hij zou Melanthius, de vrijers en alle knagers
die van zijn AFWEZIGHEID hadden
geprofiteerd nog wel spreken!

DE HOND ARGUS

In stilte liepen ze verder tot ze bij de ingang van het schitterende paleis aankwamen.

Odysseus deed net alsof hij de omgeving niet kende. 'Ik neem aan dat dit het paleis is van de koning waar je me over vertelde, Eumaeus?' De varkenshoeder bevestigde dat: 'Dat heb je goed geraden, vreemdeling! Het was vroeger nog veel mooier, voordat de vrijers het VERNIELDEN!'

Vlakbij het paleis kwamen ze voorbij een stukje grond waar een hond lag. Hij was mager, oud

en zat vol teken, maar je kon zien dat het
ooit een mooie hond moest zijn geweest,
lang geleden.

Toen hij de hond nog eens vanuit zijn oog-
hoeken bekeek, bleef Odysseus als *VAST-
GENAGELD* staan.

Eumaeus volgde zijn blik en *raadde* de
gedachten van de bedelaar: 'Heb je die hond
gezien? Arm beest, dat was ooit een pracht-
exemplaar…'

De **HOND** had zijn kop opge-
tild en keek Odysseus aan. Hij
keek hem recht aan, blafte schor
en met zijn laatste krachten
kwispelstaartte hij.

Het lukte hem niet om op te staan,
daarvoor was hij veel te zwak.

Eumaeus vertelde: 'Het was een speelse, intelli-

gente hond. Odysseus heeft hem nog persoonlijk afgericht, vlak voor hij wegging. Ze waren
altijd samen op pad, onze koning was **gek** op
hem!'

De uitleg van Eumaeus was **OVERBODIG:**
Odysseus had zijn trouwe viervoeter Argus al
lang herkend!

'De bedienden zorgen niet voor hem,' vulde
Eumaeus nog aan.

'Ze laten hem aan zijn lot over, arme Argus!'
Zonder zijn ogen van zijn baas af te wenden,
blafte Argus nog een keer, als om te laten
merken dat hij Odysseus had *HERKEND.*
En met een diepe zucht blies hij daarna zijn
laatste adem uit en viel **dood** neer.

Odysseus keek nog even naar de dode hond
maar moest toen verder gaan. Hij voelde zich
schuldig, de hond had veel geleden tijdens zijn

afwezigheid, en stiekem veegde hij een paar TRANEN uit zijn ogen.

Het werd hoog tijd dat de rechtmatige koning de troon weer besteeg in Ithaca.

Met nieuwe kracht in zijn stem zei hij tegen de varkenshoeder: 'Laten we het paleis binnengaan, Eumaeus! Het maakt me niet uit, laat de vrijers me maar bespotten! Ik ben oud, maar sterk! Kom op en laat je verrassen...'

Eumaeus keek hem recht in de OGEN.

Odysseus keek terug en glimlachte GEHEIMZINNIG.

Niet zomaar een oude knager!

Eumaeus liep de zaal in waar de vrijers hun dagelijkse SLEMP-PARTIJ hielden.

Odysseus bleef op de drempel staan.

Toen hij de trouwe varkenshoeder zag, riep Telemachus, die zich de hele tijd afzijdig had gehouden, hem met luide stem toe: 'Kom, Eumaeus, kom binnen! Er is altijd een plaatsje voor jou hier in het paleis! En voor iedereen die je meebrengt!'

ODYSSEUS ging de zaal ROND om als bedelaar een aalmoes te vragen, dat

had Athene hem opgedragen.

De vrijers keken hem *hooghartig* aan.

Antinoüs gaf als eerste commentaar: 'Kijk dat nou eens, wie hebben we daar? Een varkenshoeder en een oude bedelaar... wat een leuk stel!'

Ze schoten allemaal in de lach.

Odysseus deed net of hij de belediging niet gehoord had en liep door de zaal om de aanwezigen in zich op te nemen.

Melanthius kwam naar voren en zei: 'Ik kwam hem onderweg al tegen. Ik heb hem nog gezegd dat hij hier niet moest komen **bedelen!**'

Antinoüs viel hem bij: 'We hebben hier al genoeg hongerlijders die op onze kosten leven!'

Eumaeus wilde zijn vriend verdedigen, maar Telemachus hield hem tegen: ODYSSEUS had immers een plan en dat mocht niet mislukken.

Odysseus liep dan ook heel rustig de ruimte
rond en verzamelde wat hem gegeven werd.
Als laatste kwam hij bij Antinoüs en vroeg
ook hem om een **aalmoes**.

Maar Antinoüs joeg hem weg. Odysseus, die
zich niet zo makkelijk uit het veld liet slaan zei:
'Vergis je niet in mij, al ben ik nu in LAPPEN
gehuld: ook ik was ooit rijk en machtig, zelfs
rijker en machtiger dan jij! Maar het leven
heeft soms rare *verrassingen* in petto!'
Antinoüs was beledigd tot op het bot; hij wilde
reageren maar kon alleen nog maar STOTTE-
REN, dus pakte hij een voetenbankje en
gooide dat naar de bedelaar.

ODYSSEUS kon niet op tijd
wegduiken en raakte licht
GEWOND.

Zonder zich te bewegen, zei hij

zacht: 'Je hebt me onverhoeds aangevallen. Dat zegt wat over je moed...'

In de zaal werd het *MUISSTIL:* niemand durfde nog te piepen.

Dit opstootje was Penelope natuurlijk niet ontgaan. Daarom vroeg zij Eumaeus om verslag te doen. Toen hij was uitverteld, besloot ze dat ze de **vreemdeling** graag wilde ontmoeten. Wie weet wat hij haar zou kunnen vertellen over haar man.

Odysseus was blij toen hij hoorde dat Penelope hem wilde spreken, maar hij stelde voor dat uit te stellen tot het **DONKER** was. Je wist maar nooit hoe de dolle vrijers zouden reageren...

Eumaeus nam afscheid, en Odysseus ging op een *rustig* plekje zitten, om te wachten tot het donker werd.

Opeens verscheen er nog een bedelaar in de zaal. Alle vrijers kenden hem, hij kwam daar al jaren. De bedelaar was jong, in lappen gehuld en vies. Hij stond bekend om zijn **OPVLIEGENDE** karakter.

Toen hij zag dat er nog iemand was komen bedelen bij de vrijers werd hij **BOOS:** 'En wie ben jij? Wie heeft jou binnengelaten?'

Zijn woorden verbraken de spanning in de zaal: ruzie tussen bedelaars! Kijk eens aan, dat was pas **vermaak!**

Hij hield niet op: 'Ik hoor dat je goed van de tongriem gesneden bent! Ga maar ergens anders bedelen met je mooie praatjes!'

Odysseus bleef hem **AANKIJKEN** zonder iets te zeggen. 'Ik heb geen mooie praatjes, maar ik kan me wel goed redden in een gevecht!'

De vrijers begonnen te gniffelen. De jonge
bedelaar voelde zich GESTERKT en daagde
hem uit: 'Goed, ouwe, kom maar op dan!'
Odysseus nam de uitdaging aan en liep met
hem mee naar buiten. De vrijers gingen er
VLIEGENSVLUG achteraan en stelden zich
in een kring om hen heen op.
De jonge bedelaar keek de oude vijandig aan:
hij voelde zich blijkbaar heel wat.
Odysseus keek terug, KALM en onaangedaan.
Hij rolde zijn tuniekmouwen op en zette zijn
poten in zijn zij. Iedereen zag nu dat de oude
bedelaar wel erg GESPIERD was.
De vrijers mompelden:
'Zo hé! Die is gespierd voor een
ouwe!'
'Maar hoe kan dat?'
De jonge bedelaar wilde al opgeven,

maar de vrijers hadden wel zin in een verzetje
en duwden hem naar voren.

Odysseus **VOCHT** nooit zomaar, daar hield
hij niet van; als hij vocht was er altijd een hele
goede reden. Hij besloot de jonge bedelaar te
vloeren zonder hem al te veel pijn te doen.

De vrijers begonnen de twee aan te moedigen.
Maar toen de jonge bedelaar nog voor hij
"piep" kon zeggen was GEVLOERD,
durfde niemand de oude bedelaar meer te
bespotten. Sterker nog, ze begonnen zijn
kracht te prijzen.

Ze lieten hem zelfs plaatsnemen bij hen aan
tafel in de grote zaal van het paleis. Odysseus
nam hun complimentjes zonder blikken
of blozen in ontvangst. Met zijn allen proostten
ze op hem, niemand uitgezonderd.

Odysseus nam het woord en richtte zich tot

Antinoüs. Dat was tenslotte de leider van de hele kliek. Hij vertelde te hebben gehoord dat zij stuk voor stuk graag met de koningin wilden trouwen.

'Ik raad jullie aan rattenrap je boeltje te pakken en te maken dat je wegkomt, allemaal! Ik heb onderweg gehoord dat de koning er aan komt! ODYSSEUS komt thuis!'

De vrijers keken elkaar verbaasd aan, maar van vertrekken wilden ze niets weten.

Hoewel Telemachus zich afzijdig had gehouden, had hij alles gezien. Hij was onder de indruk en ontzettend **trots.** Alleen hij wist dat het *beste* nog moest komen… Het moment waarop de vrijers voor eens en voor altijd hun lesje zouden leren!

De verschijning van Penelope

De deur zwaaide open en Penelope kwam binnen.

Ze zag er schitterend uit, gekleed in een kostbare TUNIEK en versierd met net zulke kostbare sieraden.

Ze kwam niet zomaar binnen, ze verscheen met pracht en praal! Wat was ze mooi!

Ze voelde alle ogen op zich gericht, terwijl de vrijers haar van kop tot staart bekeken.

Ook Odysseus kon zijn ogen niet van haar AFHOUDEN.

Maar het was nog geen avond… Hij kon maar

beter zo lang mogelijk zo ver als hij kon uit haar buurt blijven.

Antinoüs STOND als eerste op: 'Mooie Penelope, het werd tijd dat je ons met je gezelschap vereerde! We wachten al zo lang op je beslissing; met wie ga je trouwen?'

Penelope antwoordde zonder hem aan te KIJKEN: 'Wat een vreemde manier om een koningin ten huwelijk te vragen, Antinoüs! Jullie dringen mijn paleis binnen en wonen hier nu al jaren... Heel VREEMD! Bovendien: vergeten jullie niet iets?' vroeg de koningin. 'Ik ben al getrouwd, met jullie koning! En dan... denken jullie mij met complimentjes tot trouwen te kunnen

verleiden? Zonder geschenken of wat dan
ook?!'

De vrijerknagers wisten niet hoe snel ze de
koningin moesten overladen met cadeaus. Er
kwam geen einde aan.

Gegeten en gedronken werd er ook, zoals
gewoonlijk. Ook daar leek **geen einde**
aan te komen. Maar Telemachus vond het dit
keer niet erg... hij bleef maar wijn schenken.
Tot alle vrijers dronken waren, toen
STUURDE hij hen naar huis.

Een bekend litteken...

Odysseus en Telemachus begonnen stiekem alle **WAPENS** van de vrijers te verstoppen.

Penelope was naar haar kamer gegaan en riep Euryclea bij zich, haar oudste en *trouwste* bediende.

Euryclea was de voedster van Odysseus geweest en Penelope Vertrouwde haar blind. Ze vroeg haar: 'Is die bedelaar er nog? Als je hem ziet wil je hem dan boven brengen?'

Euryclea ging *naar beneden* en bracht Odysseus naar de koningin.

Penelope was nog MOOIER dan
Odysseus zich herinnerde.

De koningin stelde hem heel veel
vragen terwijl hij probeerde nog
dieper in zijn VODDEN weg te
kruipen.

Hij vertelde maar weinig over
zichzelf. 'Ik was ooit rijk en
GELUKKIG, mijn
koningin, maar er is zoveel
gebeurd...'

Penelope GLIMLACHTE. 'Je bent een muis
van weinig woorden...'

Odysseus knikte met een GEHEIM-
ZINNIGE glimlach op zijn snuit.

Toen vroeg hij haar: 'Vertelt u mij: waarom
hebben de vrijers het paleis belaagd? Zijn zij
hier de baas?'

Penelope schudde heftig van nee.

'Nee, zeker niet, brave muis, maar mijn echtgenoot, de koning van Ithaca, is lang
geleden vertrokken en nog steeds
niet teruggekeerd... De vrijers
doen wat ze willen en niemand
heeft de moed of de **KRACHT**
hen tegen te houden...'

Odysseus balde zijn vuisten,
het viel hem moeilijk om zich te

beheersen.

De koningin vertelde verder: 'Vele jaren heb ik
op mijn echtgenoot gewacht. Ik heb het lang
volgehouden, maar nu begin ik zo langzamer-
hand de hoop te verliezen.'

Ze **zuchtte**: 'Ithaca heeft nu al te lang geen
koning meer! Daarom besluit ik morgen met
wie ik zal trouwen.'

Odysseus vroeg: 'Wie heeft u gekozen, koningin?'
Er trok een **donkere schaduw** over
Penelope's snuit. 'Van die knagers kies ik het
liefst niemand. Maar ik heb geen keus. Ik laat
ze morgen een proef afleggen en ik zal trouwen
met de *WINNAAR.'*
Ze vertelde hem dat ze een boog had die alleen
Odysseus kon spannen. Tot slot zei ze: 'Als een
van de vrijers het lukt die boog te spannen,
zal ik met hem trouwen!'
ODYSSEUS knikte instemmend:
'Dat is heel WIJS, koningin. En
wie weet wat voor verrassingen die
test nog oplevert...'
Penelope keek hem nieuwsgierig aan.
Ze riep Euryclea en vroeg haar de gast te
helpen zich te WASSEN.
De oude bediende haalde een grote schaal warm

WATER en hielp de bedelaar. Terwijl ze zijn knie afdroogde, zag de voedster opeens een groot litteken.

Ze sprong op en fluisterde: 'Maar dat litteken... Ik ken maar één knager op de hele wereld die een dergelijk LITTEKEN heeft!'

Euryclea richtte haar gezicht op, en keek de bedelaar recht in de ogen... toen slaakte ze een kreet!

Ze wilde de koningin roepen maar Odysseus legde een 🐾🐾🐾 op haar snuit. 'Sst, mijn beste voedster! Ik ben het inderdaad, maar zeg het tegen niemand. Hou het GEHEIM, voor mijn bestwil...'

DE PROEF MET
DE BOOG

De volgende dag waren de vrijers al vroeg weer in het paleis, nog voor het ontbijt.

Odysseus was er ook; de koningin had hem niet de **DONKERE NACHT** in willen sturen, en zodoende had hij in het paleis geslapen. Dat beviel de vrijers helemaal niet. Odysseus werd opnieuw het onderwerp van hun spot.

Maar hij bleef *kalm.*

Telemachus hield zich afzijdig: hij wist dat hij zich er niet mee moest bemoeien, maar het kostte hem steeds meer moeite.

Een paar uur later verscheen koningin Penelope. Plechtig kondigde zij de proef met de boog aan. Haar mededeling ging als een **SCHOK** door de zaal. Heel eventjes bleef het muisstil. En toen klonken er luide kreten, die terugkaatsten tegen de paleismuren.

Hier hadden de vrijers al die jaren op gewacht! In het midden van de zaal lagen een BOOM-STAM en twaalf bijlen klaar. Op elke bijl zat een ring. De bijlen waren zo opgesteld dat de RINGEN achter elkaar een soort tunnel vormden. Ieder op zijn beurt mochten de vrijers een poging wagen om een pijl door de ringen te SCHIETEN met de boog van Odysseus. Penelope kondigde aan te zullen trouwen met de eerste schutter die dat lukte. Antinoüs wilde het natuurlijk als eerste proberen, maar hij was niet de enige en er ontstond een Kluwen vechtende vrijers.

Antinoüs riep ze tot de orde en nam de leiding.
Een voor een wees hij de KNAGERS aan die
het mochten proberen. De eerste was
Perimedes. Het lukte hem niet!

De volgende die aan de beurt kwam
was Eurymachus. Hij trok en
trok, het ZWEET brak
hem uit, maar ook hij
kreeg het niet voor
elkaar om de boog te
spannen.

Rood van SCHAAMTE
zei hij: 'Het hout van
de boog is door de jaren
heen uitgedroogd!
Hij moet eerst bevochtigd
worden...'

Het hout werd inderdaad wat zachter, maar het hielp niets! Het lukte hem weer niet!

Eurymachus **DROOP AF**, 'Deze proef is niet eerlijk! Ik snap niet hoe Odysseus hiermee kon schieten!'

Een aantal vrijers moest **GNiFFELEN**, anderen troostten hem.

Op dat moment kwam Antinoüs naar voren. 'Genoeg voor vandaag, morgen gaan we verder!' zei hij en wilde weg lopen. Maar ODYSSEUS hield hem tegen.

Antinoüs reageerde **BOOS:** 'Wat moet je van me, bedelaar? Denk maar niet dat jij ook aan de beurt komt!'

Odysseus antwoordde dat hij het graag een keer wilde proberen. Vroeger was hij een **STERKE** muis geweest, maar of dat nog zo was?

Penelope vroeg ironisch: 'Hoezo, denk je dat hij je verslaat, Antinoüs? Denk aan je manieren! Geef hem die boog!'

Antinoüs ergerde zich: stel je voor dat die bedelaar raak schoot: stonden ze dan even voor schut! Maar hij hield wijselijk zijn snuit.

Telemachus zei tegen zijn moeder dat ze beter naar haar kamer kon gaan. Hij zou de vrijers wel in de gaten houden, dan kon zij rustig gaan weven. En dat deed ze.

Terwijl Odysseus naar het midden van de zaal liep, probeerde Telemachus zijn BLIK te vangen. Maar helaas: zijn vader keek bewust de ANDERE KANT op.

Toen Odysseus voor Antinoüs stond, maakte hij een lichte buiging en pakte de boog van hem aan.

De vrijers stootten elkaar aan, begonnen te lachen en gaven elkaar VETTE knipogen. En zo maakte Odysseus zich klaar voor de proef.

DE PIJL VAN
DE WAARHEID

Opzettelijk traag bekeek Odysseus de nam de tijd, en koos zorgvuldig de scherpste uit. Hij betastte de boog, zijn poot gleed zachtjes over het hout.

Alle ogen waren op hem gericht.

'Kom op, opa, schiet eens op!' daagde Antinoüs hem uit.

Ook Melanthius, die nooit ver uit de buurt was, liet deze kans om te SPOTTEN niet lopen.

'Pas op hoor, straks struikel je er nog over!'

Er klonk een lachsalvo. Meer vrijers vatten nu moed: 'Kom op, ouwe, laat ons eens wat zien!'

Niemand had ook maar een moment gedacht dat deze bedelaar de proef zou kunnen doorstaan. Antinoüs proostte al op zijn eigen **overwinning.**

Maar Odysseus bleef uiterst kalm.

Telemachus keek **gespannen** toe.

Ongeduldig wachtte hij op een teken van zijn vader: wat hem betreft konden ze niet snel genoeg in **actie** komen!

Na een paar minuten, die een eeuwigheid leken te duren, <u>tilde</u> Odysseus de boog <u>op.</u> Hij legde de pijl aan en... spande de boog zonder dat het hem enige moeite kostte.

De pijl zoefde weg in een **STRAKKE LIJN** door alle twaalf de ringen…

Hij had het voor elkaar!

De vrijers waren **stomverbaasd!**
Ze keken nu met totaal andere OGEN naar
Odysseus, en begonnen opeens wel heel erg aan
zichzelf te twijfelen…

EINDELIJK GERECHTIGHEID!

N a de opwinding viel er een macabere stilte in de zaal.

Iedereen keek nu naar Odysseus, die zijn VODDENTUNIEK begon uit te trekken en hem op de grond liet vallen. Toen was Odysseus weer ODYSSEUS!

Op dat moment brak er PANIEK uit onder de vrijers.

'Hij is het!'

'Odysseus is terug!'

Sommigen sloegen op de VLUCHT, maar Telemachus versperde hen de weg.

Een van de trouwe bedienden hielp hem om de op hol geslagen vrijers tegen te houden.

Antinoüs zocht **WANHOPIG** naar een wapen om Odysseus onverwachts mee aan te vallen. Hij snapte niet waar alles was gebleven, gisteren hadden hun wapens er nog gehangen! Odysseus keek hem **l a n g** en strak in de ogen.

Antinoüs wist niet wat hij moest doen: hij probeerde zichzelf een houding te geven, maar was eigenlijk **DOODSBENAUWD.**

Met een klein piepstemmetje fluisterde hij: 'Odysseus... we dachten dat je dood was... we wisten zeker dat...'

Odysseus onderbrak hem **bruusk** met een gebaar van zijn poot.

Op een toon die geen tegenspraak duldde zei hij: 'Jullie *dachten,* Antinoüs, *dachten!* Maar zoals je ziet: ik leef nog! Jullie hebben het je hier ondertussen flink gemakkelijk gemaakt, zie ik. **Of niet soms?**'

Antinoüs beet boos op zijn onderlip.

Maar Odysseus was nog niet klaar met hem.

'Hoor je me niet, Antinoüs? Geef je geen antwoord? Ik ben je **KONING!**'

Toen draaide hij zich om naar de andere vrijers en maakte een weids gebaar: *'Luister allemaal!'*

De vrijers lieten hun koppen hangen. Odysseus ging verder: 'Jullie hebben geplunderd, geroofd, beledigd en alles **vernield** wat mooi en goed was op Ithaca!'

Niemand durfde hem tegen te spreken.

'Jullie hebben jullie koningin belaagd en dit paleis belegerd, er een zwijnenstal van gemaakt! Jullie zijn een schande voor het volk der Achaeërs!'

De vrijers schrokken van deze harde woorden. Sommigen keken naar Antinoüs, maar die staarde naar de grond.

Odysseus begon zachter te praten: 'Ik kan dit niet ONGESTRAFT laten... ik neem jullie te grazen! Stuk voor stuk!'

Toen Odysseus uitgepraat was ontstond er een enorm tumult.

Antinoüs weigerde zich over te geven en overtuigde zijn medevrijers ervan dat ze moesten **VECHTEN.** Nu hun eigen wapens spoorloos waren, rende een van de knagers naar de wapenkamer van het paleis en kwam terug met wat hij maar kon dragen. De knagers die nog

durfden te vechten werden opgesteld in forma-
ties van zes. Op deze manier dacht Antinoüs
Odysseus te kunnen **OVERTROEVEN.**
Alle zes schoten ze hun pijlen naar Odysseus,
maar geen enkele **PIJL** trof doel. Ook het
tweede zestal schoot in alle richtingen, behalve
de juiste.

Athene was van de berg Olympus neergedaald
om toe te kijken. Zij had ervoor gezorgd dat de
pijlen alle kanten op *VLOGEN.* Ze wilde
voorkomen dat de vrijers Odysseus met zijn
allen zouden aanvallen, maar dat lukte haar
niet: het werd een complete veldslag. Een veldslag die ongunstig uitviel voor de vrijers, de ene
na de andere legde het loodje.

ODYSSEUS vocht met al zijn listigheid en
kracht tegen de knagers. De gevechten duurden
tot laat in de avond, toen de laatste vrijer op de

vlucht sloeg. Hij begreep dat hij maar beter nooit meer een 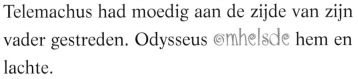 kon zetten op Ithaca.

Athene ging terug naar de Olympus. Terwijl zij opsteeg keek ze nog een keer naar het paleis van Odysseus en sprak: 'Eindelijk gerechtigheid!'

Telemachus had moedig aan de zijde van zijn vader gestreden. Odysseus omhelsde hem en lachte.

Hij riep Euryclea, die ondanks de veldslag in de buurt was gebleven, en vroeg haar om snel Penelope te roepen.

Eindelijk was Ithaca **BEVRIJD** van die uitzuigers, **BEVRIJD** van de vrijers!

KONINGIN!
KONINGIN!

E uryclea rende rattenrap naar boven.
Buiten adem kwam ze de kamer van
de koningin **BINNENSTORMEN**

Penelope lag op bed en sliep.

Zachtjes riep ze: 'Koningin, koningin! Opstaan,
snel!'

Penelope deed haar ogen open. 'Wat gebeurt
er, Euryclea? Ik weet nog, we hadden de proef
met de boog... en toen kwam die bedelaar...'

Euryclea drong aan: 'U moet opstaan, koningin! U moet onmiddellijk **MEEKOMEN**
naar de troonzaal!'

Ze hield het niet meer uit en riep opgewonden: 'Hij is terug, koningin! *Hij is terug!'*

Penelope snapte er geen snars van.

'Koningin,' ratelde Euryclea verder, 'hij is terug! Ik had hem gisteravond al herkend, toen ik hem waste, aan zijn Litteken.

Dat litteken boven zijn knie, dat hij over heeft gehouden aan de jacht, toen een ZWIJN hem te pakken nam. Ik mocht niets zeggen, ik moest het zweren, tegen niemand mocht ik iets zeggen!'

Penelope schudde haar kop. In de afgelopen twintig jaar had ze al heel wat zogenaamde goede berichten aan moeten horen, die later KLETSKOEK bleken te zijn, en ze was erg voorzichtig geworden. Ze GLIMLACHTE dan ook gelaten en zei: 'Ik kom al, ik kom al. Ik zal het toch met mijn eigen ogen moeten

zien voor ik het geloof...'
Toen ze de troonzaal binnen-
kwam stond ODYSSEUS al
op haar te wachten.
Penelope liep naar hem toe.
Ze bekeek hem van het
puntje van zijn staart tot aan
het puntje van zijn kop, en
herkende de vertrouwde trekken van haar *geliefde* echtgenoot, die ouder was geworden en
er MOE uitzag.

Ze keek hem recht in zijn ogen en voelde een
schok van opwinding.
Maar het was al zo lang geleden, ze had zo lang
op hem gewacht... en nu het dan eindelijk
zover was, wist ze niet wat ze moest zeggen.
Telemachus, die naast haar stond, zei: 'Waarom

omhels je hem niet, moeder? Je hebt zolang op hem gewacht… Nu hij er is doe je alsof je hem niet kent!'

'Jaag je moeder niet zo op, Telemachus! Het is zo lang geleden…'

Penelope was compleet in VERWARRING: ze voelde zowel enorme blijdschap als ongeloof. Ze was sprakeloos.

Odysseus KEEK haar teder aan. Hij was trots op haar: ze had zoveel moeten doorstaan en toch had ze nooit de moed opgegeven. Ze had op hem gewacht!

Zachtjes vroeg Penelope of ze het litteken mocht zien. Odysseus trok zijn tuniek op en toonde haar het OUDE litteken en vertelde hoe hij er aan was gekomen.

Penelope zweeg, ze was nog niet helemaal

overtuigd. In al die jaren was ze al zo vaak bedrogen...

Het verhaal van het litteken was vast van MOND TOT MOND gegaan.

Daarom besloot ze hem op de proef te stellen en zei: 'Goed, stel dat je echt Odysseus bent... ik zou ons bed graag naar een **GROTERE** slaapkamer laten brengen, vind je dat erg?'

Odysseus kneep zijn ogen tot spleetjes en keek haar strak aan: 'Het bed waarin wij samen sliepen kan niet worden verplaatst!'

Penelope GLIMLACHTE.

Odysseus begreep wat Penelope wilde weten en vertelde: 'Ik heb het bed met mijn eigen poten gebouwd, van een olijfboom die op de plek stond waar later onze slaapkamer werd gebouwd. Ik maakte er een bed van, zonder de wortels uit te graven. Het bed zit dus muurvast

in de grond... Ons bed verplaatsen is onmogelijk!'

Toen ze dat hoorde, rende Penelope naar hem toe
en viel hem om de hals. Ze hield hem stevig vast!
Het was Odysseus, haar geliefde echtgenoot!
De koningin barstte in vreugdetranen uit.
'Nu weet ik het zeker... je bent het echt, mijn
Odysseus! Je weet niet hoe lang ik op je heb
gewacht!'

Odysseus hield haar stevig vast. 'Alle GEVAREN
die ik doorstond, alles deed ik alleen voor jou!
Als ik jou maar weer kon omhelzen, jou en mijn
zoon Telemachus!'

Telemachus straalde van geluk en liet hen
alleen.

Het was inmiddels midden in de nacht en
Odysseus en Penelope zaten nog steeds in de
troonzaal en vertelden elkaar wat ze hadden

meegemaakt tijdens de vele jaren dat ze van elkaar gescheiden waren geweest.

Penelope vertelde hem over zijn moeder, die naar het dodenrijk vertrokken was, over zijn vader Laërtes en over Telemachus die als kool **gegroeid** was en nu al een echte **VOLWASSEN** knager werd...

Odysseus vertelde over zijn lange reis naar huis, over de hindernissen en de **GEVAREN** die hij had moeten doorstaan.

Ze praatten en praatten maar door, net zolang totdat de zon opkwam, zo *BLIJ* waren ze om weer samen te zijn.

De tranen van Laërtes

De volgende ochtend, na een erg kort maar verkwikkend slaapje, werd Odysseus **opgewekt** weer wakker.

Nu hij zijn vrouw en kind had omhelsd, wilde hij zo snel mogelijk naar zijn *vader*.

Hij ging samen met Telemachus naar het huisje waar zijn vader, Laërtes, met een bediende woonde.

De weg erheen, dieper het binnenland in, was steil en **ROTSACHTIG**. Toen hij bij een grote wijngaard aankwam, stuurde Odysseus zijn zoon over het pad vooruit en nam zelf een

kortere weg tussen de WIJNRANKEN
door. Er kwamen allerlei herinneringen in hem
boven. Hij was hier vroeger maar al te vaak
geweest met zijn vader. Hij was er dan ook
zeker van dat hij zijn vader hier ergens zou vinden. En ja hoor, niet veel later zag hij hem aan
het werk. Zijn vader droeg een werktuniek dat
vuil en GESCHEURD was.

Odysseus liep naar hem toe. 'Ik zie dat je hard
werkt, knager! Maar je ziet er niet echt uit als
een PLATTELANDSKNAGER, meer
als een edelmuis…'

Laërtes boog zich voorover over zijn SCHOP
en antwoordde, zonder op te kijken: 'Juist,
vreemdeling, dat zie je goed! Ik was ooit een
edelmuis en nu ben ik hier. Zo zie je maar: alles
kan veranderen …'

ODYSSEUS zei: 'O, dat weet ik maar al te

goed: ook ik heb grote veranderingen meegemaakt!'

Laërtes richtte zich op en bekeek de vreemdeling eens beter, omdat hij dacht zijn stem te
herkennen.

'Je wacht op de terugkeer van een zoon, of
niet? Denk je dat je hem ooit nog terug zult
zien?'

Laërtes twijfelde: 'Ik weet niet of ik daar nog
op mag hopen…'

Odysseus LACHTE breeduit. 'En als ik nu
eens die langverwachte zoon was? Ik wil ook
al heel lang naar mijn vader…'

Laërtes SCHATERDE het uit. 'Jij, maar wie
ben jij? Ik ken je niet eens!'

'Ja, wie weet…' antwoordde Odysseus
MYSTERIEUS. Hij liep op hem af en liet
hem zijn litteken zien. 'Weet je nog, dat zwijn?'

Laërtes schrok: 'Ik... maar waarom zoek je je vader hier?'

'Omdat ik hier vaak kwam, met mijn vader Laërtes. Ik was nog klein en hij plantte dertien perenbomen, tien appelbomen en vijftig vijgenbomen voor me, een BOOMGAARD naast de wijngaard...'

Laërtes' ogen begonnen te STRALEN.

'Odysseus!'

Hij omhelsde zijn zoon stevig.

Odysseus zei: 'Pa, je komt weer bij mij wonen. Ik ben er weer! Alles komt goed!'

WRAAK!

Ondertussen was de familie van de gedode vrijers uit op wraak. De vader van Antinoüs was op het **oorlogspad.** 'Ik ben niet van plan Odysseus weer als koning te accepteren! Hij is veel te lang weggeweest, hij is voor ons **EILANDKNAGERS** een vreemdeling!'

De andere familieknagers beaamden dit. 'Bovendien, waar hij ook opduikt, wat hij ook doet, het gaat altijd mis. Toen hij ten strijde trok tegen Troje, nam hij onze beste krijgers mee. En wie kwam er terug? *Niemand!*

Wij willen wraak!'

De gemoederen raakten **VERHIT.** Een heleboel knagers waren het roerend met hem eens. 'Je hebt gelijk! Het is waar!'

'Odysseus kwam helemaal alleen terug, zonder oorlogsbuit! Het is allemaal voor niets geweest!'

Een andere knager viel hem bij: 'En nu zijn onze zonen dood, door zijn schuld! En waarom? Alleen maar omdat ze met Penelope wilden trouwen!'

'We moeten Odysseus onttronen! Wij eisen gerechtigheid!'

Het geluid van **instemmend** gemompel steeg op.

Slechts één oudere knager durfde te zeggen: 'Als een krijger, slechts met de hulp van zijn zoon, tien van onze krijgerszonen weet te

verslaan, wil dat zeggen dat de goden aan zijn kant staan. Bovendien waren jullie zonen niet bepaald lieverdjes, maar een stelletje opdringerige en **slecht opgevoede** knagers.' Zijn woorden vielen niet goed bij de treurende vaders. Maar hij sprak verder: 'Ik adviseer jullie geen GEWELD te gebruiken. Dat lost niets op...' Maar niemand luisterde naar hem.

Ze waren al WEG, op zoek naar Odysseus.

VREDE
OP ITHACA!

Odysseus zat samen met Telemachus en Laërtes te eten, toen hij van verre het wapengekletter hoorde.

Telemachus ging kijken wat er aan de poot was en riep: 'De vrijervaders! Ze komen eraan! Ze zijn gewapend!'

'En wij zullen ons verdedigen!' sprak Laërtes resoluut. Nu zijn zoon weer terug was, leek de man jonger en sterker dan ooit tevoren.

Hij voelde zich als herboren en in staat stand te houden tegen welke vijand dan ook.

Hij zou koste wat het kost zijn zoon verdedigen, niets of niemand hield hem tegen!

ODYSSEUS had zich rattenrap tot de tanden toe bewapend en ook Telemachus bereidde zich voor op het komende GEVECHT.

Zelfs de oude bedienden kwamen zich melden toen ze de beledigende strijdkreten hoorden van de vrijervaders.

En weer werd Odysseus gedwongen met een pootjevol handlangers te VECHTEN tegen tientallen vijandige knagers.

Je vraagt je af waar hij toch telkens weer de kracht en de MOED vandaan haalde, maar hij deed het voor alle vrienden die hij had VERLOREN in de oorlog tegen Troje of later, onderweg naar huis.

Toen de twee partijen OOG in OOG met elkaar stonden viel er een stilte.

Ze namen elkaar strijdlustig op, en schatten

elkaars krachten in.

Athene, die vanaf de berg nog steeds een oogje in het zeil hield, zag wat er gebeurde. Hadden ze er dan nog geen genoeg van?

Ze snelde naar haar vader en vroeg Zeus: 'Is er nog niet genoeg **BLOED** vergoten?'

Zeus antwoordde haar dat zij had gewild dat Odysseus weer naar huis kon gaan, en dat zij er nu dus ook maar voor moest zorgen dat het allemaal werd OPGELOST.

Zonder ook maar een seconde te verliezen

daalde ze neer op aarde

en stortte zich tussen de vijandelijke partijen. 'Hou op elkaar te bevechten, stelletje sukkelknagers! Iedereen heeft gekregen wat hij verdient!'

Odysseus liet onmiddellijk zijn wapens vallen.
Ook de vrijervaders waren hun HAAT en
strijdlust als bij toverslag verloren. Ze legden
hun wapens neer en trokken zich terug.
Penelope rende naar Odysseus. Athene ging
voor hem staan en zei: 'Odysseus, moedige,
wijze Odysseus, hou op met oorlog voeren.
Niemand zal deze oorlog winnen! Wees
tevreden met wat je hebt!'
Odysseus gaf een teken dat hij haar begrepen
had en bedankte haar voor haar *onontbeer-
lijke* hulp tijdens zijn terugkeer naar Ithaca.
'Athene, zoals altijd overstijgt jouw *wijsheid*
die van mij. Je hebt gelijk: geweld lost niets op.

HET IS TIJD VOOR VREDE!

Hij omhelsde Telemachus en Penelope. Bij
Laërtes stonden TRANEN in de ogen.

Athene keek nog een laatste keer naar
Odysseus om terwijl ze **VERTROK.**

'Ik zal vanaf de Olympus een
oogje in het zeil houden… de
vrede bewaken en bewaren is
niet gemakkelijk. Je bent een
held, je bent mijn held
Odysseus. Zorg dat je een
HELD blijft!'
Vanaf die dag heerste er vrede,
en leefde er een *gelukkig*
volk op een prachtig eiland dat
werd omhelsd door de zee:
Ithaca.

DE KORTE ODYSSEE VAN GERONIMO STILTON
HELD TEGEN HELD

'WIE HEEFT ER NOOIT VAN GEDROOMD OM ODYSSEUS TEGEN TE KOMEN EN MEE TE DOEN IN EEN VAN ZIJN VELE AVONTUREN? IK IN IEDER GEVAL WEL!'

HIJG... PUF... HEBBEN ZE HIER GEEN LIFT...?

DE WERELD
VAN
ODYSSEUS

ACHERON: een van de Oceaniden, en een van de rivieren van Hades (de onderwereld). Acheron is de rivier van het leed (Achos= smart). De rivier vormde de grens met de onder-wereld. De zielen van de doden werden naar de overkant gebracht aan boord van een klein bootje.

Achaeërs

ACHAEËRS: de naam van een stam die het Griekse schiereiland binnendrong (tussen 2500 en 2000 v. C.). Homerus gebruikt deze naam voor alle tegen Troje strijdende Grieken.

ACHILLES: is de grootste held van de Griekse stammen. Homerus beschreef hem in zijn Ilias. Hij nam deel aan de Trojaanse oorlog met maar liefst 50 schepen.

Achilles was de zoon van de zeenimf Thetis (familie van Zeus), en koning Peleus. Zijn moeder dompelde hem onder in het water van de Styx, een rivier die iedereen die er in baadde onkwetsbaar maakte. Daarbij hield zij hem vast bij zijn hiel, het enige punt waar hij onbeschermd bleef. Daar komt de term Achilleshiel vandaan. Achilles stierf uiteindelijk door een pijl, afgeschoten door Paris, zoon van de Trojaanse koning Priamus, die hem trof in zijn kwetsbare hiel.

AEAEA: het mooie groene eiland waar de tovenares Circe woont.

Achilles

Aeolus

dat deze zangers zelfs de toekomst konden voorspellen. Zelfs van Homerus, die de Ilias en de Odyssee schreef en leefde in het Griekenland van 800 tot 750 v. C., werd gedacht dat hij een ziener was.

AEDO: was de minstreel van de Grieken, een zanger die zichzelf begeleidde op zijn citer. Hij zong over actuele of verzonnen gebeurtenissen. Men geloofde in die tijd

AEOLUS: de god van de winden, vaak afgebeeld met een blozend bol gezicht met baard. Hij leefde boven de Liparische eilanden. Daar kwam Odysseus hem dan ook tegen. Hij had twaalf kinderen, zes jongens en zes meisjes, die hij met elkaar liet

trouwen. Hij was de beheerder van de grot waarin de winden werden opgesloten.

AGAMEMNON: de koning van Mycene, en de oudere broer van Menelaüs. Het was Agamemnon die alle prinsen en koningen ervan overtuigde mee te vechten tegen Troje. Hij wilde Helena, de vrouw van zijn broer, die werd geroofd door prins Paris, bevrijden en thuisbrengen. Gedurende de oorlog tegen Troje maakte Agamemnon ruzie met Achilles. De

Agamemnon

ruzie zou grote gevolgen hebben voor alle Achaeërs die meevochten.

ALCINOÜS: koning van de Phaeaken, echtgenoot van Arete en vader van

Nausicaä. Hij is een van de vele afstammelingen van Poseidon. Het is mede daarom dat Poseidon de Phaeaken als zijn lievelingsvolk ziet en hen op alle mogelijke manieren probeert te helpen en te beschermen.

ANTICLEA: de moeder van Odysseus; hij zal haar niet levend terug-zien. Er wordt gefluisterd dat Anticlea een dochter is van Hermes, de bood-schapper van de goden. Odysseus ziet zijn moeder terug in de onderwereld, waar hij op advies van Circe heen gaat om de ziener Tiresias te raadplegen over zijn terugkeer naar Ithaca.

ANTINOÜS: de arrogante aanvoerder van de

Alcinoüs

Anticlea

vrijers. Listig maar niet
erg wijs, hij wordt als
aanvoerder beschouwd
omdat hij veel rijker,
leniger en krachtiger is
dan alle andere vrijers.

APOLLO: de god van de
zon en het licht. Maar

ook van de schone
kunsten en de genees-
kunst. Zoon van Zeus en
Leto. Hij wordt overal
afgebeeld als een jonge,
aantrekkelijke god, maar
met een prikkelbaar
karakter. Zowel in de
gedichten als in de
mythologie komt ieder-
een die hem beledigt of
kritiek op hem heeft er
slecht vanaf…

ARETE: vrouw van
Alcinoüs, koningin der
Phaeaken. Haar naam
betekent in het Grieks
'deugd'. Arete is een
attente, wijze koningin,
zelfs zo verstandig dat de

koning haar vaak om raad vraagt voor hij een beslissing neemt in belangrijke zaken.

ARGUS: de hond van Odysseus. Zo trouw aan zijn baas dat hij, ook al is hij nog zo ziek en

Antinoüs

verzwakt, Odysseus zelfs vermomd als bedelaar nog herkent. Hij heeft aan één blik genoeg! Hij begroet Odysseus en blaast daarna zijn laatste adem uit. Hij wordt vaak gebruikt als voorbeeld van absolute trouw.

ATHENE: in de Griekse mythologie de godin van de wijsheid en de kunst. Ze wordt ook wel de godin van de krijgskunst en de vrede genoemd. Ze wordt meestal afgebeeld met een aegis, een schild met een medusahoofd. Er bestaan verhalen waarin Athene uit het water wordt geboren,

Apollo

dat zij ook de godin van de krijgskunst is, niet om oorlog te voeren maar juist om de soldaten te beschermen. Zodoende beschermt en adviseert ze Odysseus tijdens de oorlog tegen Troje en op zijn reis naar huis. Bovendien had ze nog een appeltje te schillen met Paris, de prins die Helena schaakte, en daarmee de oorlog veroorzaakte. Hij had in een schoonheidswedstrijd de godin van de liefde, Aphrodite, boven haar verkozen.

maar ook waar Athene uit het hoofd van haar vader Zeus wordt geboren… met wapenuitrusting en al! Vandaar

Athene

welkom te heten. In de oudheid, en niet alleen de Griekse, maar ook in veel andere culturen, was gastvrijheid erg belangrijk. Hoe rijker de gastheer was, hoe groter het banket dat hij op tafel zette. Zo gaf hij blijk van zijn vrijgevigheid.

BANKET: regelmatig wordt er in het verhaal van Odysseus een banket gegeven. Soms is dat een feest, soms een welkomstdiner voor wie er ook maar op bezoek kwam, en soms alleen om heel speciale gasten

BEDELAAR: Odysseus gaat naar zijn paleis terug, vermomd als bedelaar. Bedelaars en zwervers werden door de Grieken altijd goed behandeld: ze werden

gezien als een soort 'denk er goed aan'-teken, iedereen kon immers zijn fortuin verliezen en dan van de gulle gaven van anderen moeten leven.

Daarom werden ze vaak gastvrij ontvangen. Maar niet in de Odyssee: de vrijers stellen zich arrogant op tegen Odysseus de bedelaar.

BOREAS: verpersoon-lijking van de noor-denwind. Meestal afgebeeld met een baard en twee gezichten. Op bevel van Poseidon keert hij zich tegen Odysseus en geeft hem tegenwind.

CALYPSO: een nimf die op het eiland Ogygia leeft. Ze woont in een grote stenen bungalow. Ze brengt haar dagen

Odysseus vermomd als bedelaar

Calypso

gevangen op het eiland. Ze vraagt hem voor altijd te blijven, maar Odysseus wil terug naar Ithaca en naar zijn vrouw Penelope. Calypso moet dit accepteren, al doet zij dit niet vrijwillig maar pas nadat de goden haar dat hebben opgedragen.

CHARYBDIS: een zee-monster, maar ooit was het een vrouw. Ze is de dochter van Poseidon en Gaia. Zeus heeft haar ooit in een monster ver-anderd, omdat hij boos op haar was toen ze zijn koninkrijk onder water had gezet. Homerus

spinnend en wevend door in gezelschap van haar dienstmaagden. Calypso is verliefd op Odysseus en houdt hem maar liefst zeven jaar

beschrijft haar als een waterslurpend monster. Drie keer per dag slokt ze al het water op en spuugt het daarna weer uit. Zo ontstaan er draaikolken. Charybdis bevindt zich tegenover Scylla, in een gedeelte van de zee dat de straat van Messina heet.

CICONEN: een volk uit de Griekse mythologie, buren van de Trojanen. In de Trojaanse oorlog strijden ze dan ook aan de zijde van de Trojanen onder leiding van Euphemus. Odysseus verwoest op zijn terugreis hun stad aan zee, wat veel

Charybdis

van zijn landgenoten hun leven kost.

CIMMERIËRS: een volk van nomaden, op de Aziatische steppen. Volgens de mythologie leefden zij op de grens tussen water en aarde, in voortdurende duisternis. Op hun land bevond zich de ingang naar Hades. Ze leefden oorspronkelijk in wat nu Oekraïne en Rusland heet. Wat er later met hen is gebeurd weet niemand.

CIRCE: de aantrekkelijke en listige dochter van de god van de zon. Ze leeft op het eiland Aeaea. Als tovenares kan ze mensen in dieren veranderen. Odysseus weet hoe hij

Circe

haar toverkunsten kan weerstaan. Samen met zijn mannen blijft hij een heel jaar bij haar op het eiland. Voor zij hem laat vertrekken raadt ze Odysseus aan naar de onderwereld te gaan en daar de ziener Tiresias te spreken. Zij geeft hem ook nog een aantal nuttige adviezen over de gevaren die hem nog te wachten staan op zijn lange en gevaarlijke reis naar huis.

CITER: een snaarin-strument dat door de zingende dichters, de minstrelen, werd gebruikt om hun gedichten van muzikale begeleiding te voorzien.

DEMODOCUS: een oude dichter aan het hof van Alcinoüs. Homerus heeft zichzelf waarschijnlijk als voorbeeld gebruikt toen hij over deze dichter schreef. Tijdens het banket dat ter ere van Odysseus wordt gehouden aan het hof van de Phaeaken, zingt Demodocus over de oorlog van Troje en de heldendaden van Odysseus.

DE CYCLOPEN

Op zijn reis ontmoet Odysseus de verschrikkelijke Cycloop Polyphemus. Cyclopen zijn reuzen, die maar één oog hebben. Het zijn afstammelingen van Poseidon, de machtige god van de zee. Van origine waren de Cyclopen goede smeden. Ze maakten de bliksemschichten waarmee Zeus iedereen raakte die de goden of stervelingen kwaad berokkende. De bliksem van Zeus kon mensen in dieren veranderen, of zelfs in monsters. Maar Homerus vertelt dat de Cyclopen niet langer werken en leven van het bewerken van metaal en het maken van bliksemschichten, omdat ze dat verleerd zijn. Ze zijn ook het zaaien en ploegen verleerd, ondanks dat ze op vruchtbare grond leven. Ze leven van het fruit in hun omgeving en brengen hun kuddes naar de weides in de bergen. Buiten hun vaardigheden zijn de Cyclopen ook het samenleven verleerd. Zo leeft ieder voor zich, niet in een gemeenschap, maar meer als een stel reuzen die toevallig

in elkaars buurt wonen. Toen Odysseus het oog van Polyphemus uitstak, kwamen de andere reuzen wel op zijn gegil af, maar deden verder geen enkele moeite uit te vinden wat er aan de hand was. Dat is misschien wel de redding van Odysseus geweest.

Polyphemus

DIENSTMAAGD (SLAVIN): in het oude Griekenland had iedere vrouw des huizes een eigen bediende die voor haar zorgde. Hetzelfde woord werd ook gebruikt voor de vrouwen die de tempels schoonmaakten. Vrouwen van adel, zoals Penelope en Nausicaä, zetten geen stap zonder hun dienstmaagd.

DISCUS: discuswerpen was een van de favoriete sporten van de Grieken. De krijgers hielden vaak wedstrijden, bijvoorbeeld na een banket. Ze deden dit niet alleen om zich te vermaken, maar ook om in conditie te blijven. Maar naast het op peil houden van hun lichamelijke kracht, was sporten voor de Grieken ook een soort verering van de goden. Eens in de vier jaar werden de Olympische spelen georganiseerd, een groot feest ter ere van Zeus.

DOLIUS: een zeer trouwe bediende van Odysseus' vader, Laërtes. Toen Laërtes verjaagd werd uit het paleis is hij dan ook bij Dolius gaan wonen. In Dolius' kleine huisje aan de rand van een grote wijngaard leeft Laërtes in afzondering en hoopt hij op de terugkeer van zijn zoon.

EILAND VAN DE ZON (THRINACIA): in de Griekse mythologie is dat het eiland waar Helius, de zonnegod, zijn koeien laat grazen. Er wordt vaak gezegd dat Thrinacia het tegenwoordige eiland Sicilië is.

EUMAEUS: varkenshoeder op Ithaca, en een van de trouwe bedienden van Odysseus. Eumaeus was de zoon van de koning van Syrië, maar werd door de Phaeaken met hulp van een slavin ontvoerd. De Phaeaken lieten hem op Ithaca achter, waar hij liefdevol werd opgevangen door Laërtes, de vader van Odysseus. Eumaeus was trouw aan de Koninklijke familie en werd bediende in het paleis om zo aan de zijde van Laërtes en later Odysseus te kunnen blijven.

EUPEITHES: de vader van Antinoüs, een van de vrijers die werden verslagen en verjaagd uit het paleis door Odysseus bij zijn terugkeer op Ithaca. Eupeithes trad op als aanvoerder bij het protest van de ouders van de verslagen vrijers.

EURYCLEA: de oude voedster van Odysseus.

Euryclea

Ze is erg aan hem gehecht en beschouwt hem zelfs zo'n beetje als haar zoon. Als Odysseus naar Ithaca terugkomt en zich verkleedt als bedelaar is zij, samen met zijn trouwe hond Argus, de enige die hem onmiddellijk herkent. Ze herkent hem aan een groot litteken bij zijn knie, waar Odysseus ooit door een wild zwijn was gebeten, Euryclea verraadt hem niet; ze vertelt niemand wie de bedelaar eigenlijk is, want ze wil zijn plan niet in de war schoppen.

Eurylochus

een hele speciale band met hem.

EURYMACHUS: op Antinoüs na de mooiste en de rijkste van alle vrijers die naar de hand van Penelope dingen. Hij is de eerste die, zonder succes, de boog van Odysseus probeert te spannen.

EURYLOCHUS: een van de beste vrienden van Odysseus. Van de krijgers die Odysseus naar Troje begeleiden is hij een van de meest gezaghebbende. Odysseus heeft dan ook

EURUS: een sterke wind, meestal afgebeeld met een wijde mantel. Op bevel van Poseidon teistert hij Odysseus op het vlot, vlak voor de kust van het eiland van de Phaeaken.

FILOITIOS: Trouwe bediende van Odysseus en Telemachus. Helpt de held zich te bevrijden van de vrijers door hen tegen te houden als zij na de proef met de boog willen vluchten.

GASTVRIJHEID: was voor de oude Grieken heilig. Dat betekende dat iedereen, bekend of vreemd, gastvrij ontvangen werd, als hij maar in vrede kwam. De gast werd afhankelijk van wat hij nodig had, gevoed, gelaafd, gekleed en zelfs overladen met geschenken. Deze gast-

Orpheus en Eurydice in de onderwereld

vrijheid misbruiken of de gastheer beledigen was bijna een misdaad.

HADES: ook wel onderwereld of schimmenrijk

genoemd, is volgens de Griekse mythologie de plek waar de geest van doden heenging. Homerus beschrijft Hades als het rijk aan het einde van de rivier de Oceanus. Voor Odysseus had slechts één andere sterveling toestemming gekregen om Hades levend te bezoeken: Orpheus, zanger en dichter, daalde af in de onderwereld om zijn geliefde Eurydice terug te halen.

HALITHERSES: de ziener van Ithaca. Bijna aan het eind van het verhaal duikt hij op en probeert geweld te voorkomen, als Odysseus in zijn eentje tien krijgers weet te verslaan… Maar de vrijers en hun familie willen maar één ding en dat is wraak.

HELENA: de mooie echt-genote van Menelaüs, koning van Sparta. Helena wordt geschaakt door prins Paris en naar Troje gebracht. Onder aanvoering van Agamemnon, verklaren de Achaeërs de oorlog aan Troje en belegeren ze de stad. Als de oorlog voorbij is keert Helena

Helena

HERMES: god van de reizigers, beschermer van atleten en de sport, maar ook van de dieven. Hij was de boodschapper van de goden, wat betekende dat hij ook de zielen naar de onderwereld begeleidde. Hermes was de enige die vrij heen en weer kon reizen tussen boven- en onderwereld. Hij droeg gevleugelde sandalen en een helm. Als hij reisde had hij altijd zijn stok, kerykeion genoemd, bij zich, die maakte hem namelijk onzichtbaar voor stervelingen.

terug naar Sparta. Het is Helena die Telemachus vertelt over de list van zijn vader, het paard van Troje, waarmee de Achaeërs uiteindelijk de overwinning afdwingen.

IFTHIME: de aardige en aantrekkelijke zus van Penelope. Athene gebruikt haar als vermomming als ze Penelope vertelt over de goede afloop van Telemachus' zoektocht naar zijn vader Odysseus.

INO (LEUKOTHEA): zeegodin, beschermer van zeelieden. Volgens de legende wierp zij zich in zee na een ruzie met Hera, de vrouw van Zeus.

IRUS (EIGENLIJKE NAAM ARNAIUS): bedelaar op Ithaca. Zijn bijnaam Irus betekent "boodschapper" en die heeft hij gekregen omdat hij boodschappen doet en klusjes opknapt voor de vrijers. Hij herkent

Hermes

Odysseus niet wanneer die terugkeert op Ithaca, maar behandelt hem arrogant en probeert hem zelfs te verslaan.

ITHACA: het eiland waarvan Odysseus de koning is. Volgens Homerus, een van de Ionische eilanden met een rotsachtige kust. Is het huidige eiland Thiaki misschien het Ithaca van Homerus? Niemand weet het zeker…

LAËRTES: de vader van Odysseus. Na het vertrek

Irus

van zijn zoon, die ten strijde trekt tegen Troje, vlucht Laërtes naar het huisje van zijn trouwe bediende Dolius, waar hij werkt in de grote wijngaard.

LAESTRYGONEN: een mythologisch volk van mensetende reuzen. Ze zeggen dat in het land van de Laestrygonen de nachten zo kort waren dat de herder die 's morgens vertrok met zijn kudde, de herder die terugkwam van de dag ervoor tegen het lijf liep.

Laërtes

LOTUSETERS: een legendarisch volk dat lotusbloemen eet. Volgens de legende beheksten de lotusbloemen de eters ervan, waardoor ze alles vergaten en lui en tegendraads werden. Het zou goed kunnen dat het hier niet om de lotus gaat maar om de jujube, een plant waarvan een sterke drank werd gebrouwen met een hoog alcoholpercentage.

Een mensetende reus

MELANTHEUS: de minst loyale bediende van Odysseus, een geiten-hoeder. Als Odysseus terugkeert op Ithaca en als bedelaar vermomd gaat, is Melantheus erg onvriendelijk tegen hem.

Melantheus is bevriend geraakt met de vrijers en sluit zich bij hen aan.

MENELAÜS: de koning van Sparta, getrouwd met de mooie Helena. Hij is ook de jongere broer van Agamemnon. Hij ontvangt Paris, de prins van Troje, gastvrij in zijn paleis. Maar Paris verraadt hem en schaakt de mooie Helena, waar hij halsoverkop verliefd op is geraakt. Om zijn vrouw weer naar huis te halen, verklaart Mene-laüs Troje de oorlog en

belegert de stad samen met de Achaeërs.

MENTES: koning van Taphos, vriend van Odysseus. Hij nam de kleine Telemachus onder zijn hoede toen Odysseus naar Troje vertrok om oorlog te voeren. Mentes is een Griekse naam, maar in het Latijn noemt men hem Mentor. Daarin kun je ons woord mentor herkennen: iemand die leerlingen of studenten begeleidt bij hun studie.

NAUSICAÄ: prinses van de Phaeaken, dochter van Alcinoüs en Arete. Ze vindt Odysseus naakt aan het strand op het eiland Scheria. Ze slaat niet op de vlucht maar helpt hem. Athene had er namelijk voor gezorgd dat ze al over hem gedroomd had.

Menelaüs

Nausicaä

broer heeft gedood, regeert hij over Pylus.

NIMF: nimfen zijn half-godinnen die in de natuur leven. De Grieken maakten onderscheid tussen waternimfen (waaronder Thetis, de moeder van Achilles), bosnimfen, ravijnnimfen, weidenimfen en nimfen van de hel.

NESTOR: de oudste Achaeër die meevecht in de Trojaanse oorlog. Hij wordt door iedereen gezien als een oprechte, wijze man. Nadat Hercules zijn vader en

NOTUS: de verpersoon-lijking van de zuiden-wind. Hij keert zich tegen Odysseus voor de kust van Scheria, het eiland van de Phaeaken.

Nimf

tocht zal lang gaan duren, dankzij de inmenging van goden. Maar het zijn ook weer goden die ervoor zorgen dat hij thuiskomt...

OGYGIA: het eiland van de nimf Calypso, waar Odysseus zeven lange jaren verblijft.

OLYMPUS: de hoogste berg van Griekenland. Volgens de mythologie wonen op de top ervan (2917 meter hoog) de goden. Homerus noemt de Olympus het Huis van de Goden. Hun paleis met bronzen vloeren

ODYSSEUS: de koning van Ithaca, getrouwd met Penelope, en de vader van Telemachus. Na het einde van de oorlog met Troje keert hij naar huis terug. Deze

werd gemaakt door de smid Hephaistus.

PARIS: Trojaanse prins. Aphrodite had hem de mooie Helena, vrouw van Menelaüs, beloofd in ruil voor de gouden appel. Hij schaakte haar en nam haar mee naar Troje. Menelaüs ontstak hierop in woede en verklaarde de oorlog aan Troje. Geholpen door de Achaeërs belegerde hij de stad.

Olympus

PENELOPE: niet alleen de vrouw van Odysseus en de moeder van Telemachus, maar ook de nicht van Helena. Tijdens de lange afwezigheid van Odysseus maken de vrijers haar het hof. Ze denken dat Odysseus niet meer

leeft en willen dat zij een nieuwe echtgenoot uitkiest. Penelope verzint een list: ze belooft een bruidegom te zullen kiezen als ze het kleed waaraan ze werkt klaar heeft. Overdag weeft ze, maar 's nachts haalt ze alles weer uit. In het oude Griekenland mocht een vrouw niet alleen regeren, daarom konden de vrijers haar dwingen om een man te kiezen.

Paris

PHAEAKEN: een volk dat door Poseidon beschermd wordt. De Phaeaken bewonen het eiland Scheria, dat tegenwoordig bekend staat onder de naam Corfu.

POLYPHEMUS: een éénogige cycloop, zoon

van Poseidon. Odysseus straft hem voor het verslinden van zijn bemanning door met een boomstronk zijn enige oog uit te steken.

POSEIDON: de god van de zee. Ook wel de Aardschokker genoemd. Zoon van Cronus, de god van de tijd. Cronus voedde zich met zijn eigen kinderen, tot Zeus hem dwong ze weer uit te spugen en zo niet alleen Poseidon redde maar ook zijn andere broers en zussen. Van Zeus krijgt Poseidon de zee en het water om over te waken. In de Odyssee is Poseidon de grote vijand van Odysseus. Odysseus heeft namelijk zijn zoon Polyphemus ernstig verwond. Poseidon probeert op allerlei mogelijke manieren te voorkomen dat Odysseus naar Ithaca terugkeert, maar uiteindelijk moet ook hij Zeus gehoorzamen.

SCHERIA: een eiland bewoond door de Phaeaken. Wat toen Scheria heette zou nu heel goed Corfu kunnen zijn...

SCHIP: de schepen van Odysseus waren pentecosters, schepen met vijftig riemen of roeispanen. Het waren oorlogsschepen, waarmee zowel kon worden geroeid als gezeild. De roeiers zaten aan beide kanten van het schip. De schepen hadden op de boeg een sterke bronzen ramsteven, die goed van pas kwam bij een aanval op de vijand.

SCYLLA: een nimf. Toen Glaucus, een van de zonen van Poseidon verliefd op haar werd,

Scylla

wees Scylla hem af. Glaucus ging naar de tovenares Circe, die bekende zelf verliefd op hem te zijn. Glaucus sloeg op de vlucht en Circe veranderde Scylla in een monster met zes

hondenkoppen en een lichaam dat eindigde in een vissenstaart. Zij veroorzaakte de draaikolken waarin menig schip en zeeman zonk en verdronk.

SIRENEN: halfgodinnen met het lichaam van een vogel en het hoofd van een vrouw. De Sirenen lokten de zeelui met hun verleidelijke zang. Het schip voer dan op de klippen. Odysseus weet hen te weerstaan door zichzelf aan de mast vast te laten binden en zijn bemanning hun oren dicht te laten stoppen met was.

Sirenen

SPARTA: een oude stad waarover koning Menelaüs, de broer van Agamemnon, regeerde.

SPEER: voor de oude Grieken was de speer een wapen, een lange houten stok met een metalen punt. Bovendien was speerwerpen, net als discuswerpen een edele en heilige sport, die door de goden werd beoefend om hun kracht en lenigheid te tonen.

TELEMACHUS: zoon van Odysseus en Penelope. Tien jaar na het eind van de Trojaanse oorlog gaat

Speer

hij op zoek naar zijn vader. Hij komt pas weer terug als zijn vader, verkleed als bedelaar, er al is. Telemachus is een waardevolle bondgenoot van Odysseus tegen de vrijers.

Telemachus

door van hem een ziener, iemand die de toekomst kan voorspellen, te maken. Er is ook een verhaal waarin Athene hem blind maakt, omdat hij haar naakt heeft zien baden.

TROJAANSE OORLOG: Homerus vertelt het verhaal over de Trojaanse oorlog in het gedicht dat de Ilias heet. De Achaeërs voerden deze oorlog om Helena, de vrouw van Menelaüs, terug te brengen naar Sparta. Helena was een hele mooie vrouw, misschien wel de mooiste

TIRESIAS: een oude ziener. Hij werd uit wraak blind gemaakt door Hera, nadat hij los- lippig was geweest en een van haar geheimen aan Zeus had verteld. Zeus maakte dat goed

Tiresias

Achilles. Alle goden waren uitgenodigd, behalve Eris, de godin van de tweedracht. Eris was beledigd en legde een gouden appel op tafel, bedoeld voor de mooiste godin. Paris mocht de felbegeerde prijs gaan uitreiken. De godinnen paaiden hem met mooie beloftes en lieve woordjes. Athene beloofde hem wijsheid, Hera macht en Aphrodite stelde hem de mooiste vrouw in het vooruitzicht. Paris gaf Aphrodite de gouden appel en 'kreeg' in ruil daarvoor Helena, die al

van heel Griekenland, of zelfs van de hele wereld! Paris, prins van Troje, schaakte haar omdat Aphrodite hem haar hand had beloofd. Paris was uitgenodigd op het huwelijk van Peleus en Thetis, de ouders van

De gouden appel

met Menelaüs, de koning van Sparta, getrouwd was. Daarom ontvoerde hij haar, waarop Menelaüs en Agamemnon een leger samenstelden om haar uit Troje te bevrijden. De oorzaak van de oorlog

was dus eigenlijk een prijs die geen prijs bleek te zijn: een prijs voor schoonheid (de gouden appel) die moord en doodslag uitlokte. De Trojaanse oorlog duurde uiteindelijk tien jaar en werd gewonnen door middel van de list van Odysseus met het Paard van Troje. Dit was een gigantisch houten paard waarin de Achaeërs zich verstopten nadat ze het voor de stadsmuur van Troje hadden neergezet. De Trojanen dachten dat het een cadeau was en

haalden het paard de stad binnen. Eenmaal binnen kwamen de Achaeërs tevoorschijn en konden ze de Trojanen verslaan.

TROJE: een oude stad in het noordwesten van het huidige Turkije. De stad waar vele Achaeërs hun leven gaven in de oorlog die langer dan tien jaar duurde. In 1872 vond de Duitse archeoloog Heinrich Schliemann de resten van Troje. Maar voordat hij de stad die was beschreven door Homerus (en waarvan Schliemann alleen maar kon vermoeden dat het Troje was) kon bloot-leggen, moest hij eerst zeven lagen weggraven, die elk correspondeerde met een andere histo-rische periode in de ont-wikkeling van de stad.

Paard van Troje

VRIJERS: zo worden de mannen genoemd die over Ithaca willen heersen en daarom naar de hand van Penelope dingen. De vrijers waren jonge, adellijke Achaeërs. Ze lieten Penelope niet met rust, en woonden praktisch in het paleis van Odysseus tijdens zijn afwezigheid.

ZAK, VAN GEITENLEER: werd vooral gebruikt voor het transporteren

Vrijers

van vloeistoffen, zoals water en wijn. De god Aeolus stopt er de tegen-winden in en geeft hem aan Odysseus, zodat hij een rustige en voor-spoedige reis zonder tegenwind zal hebben…

ZEPHYRUS: de westenwind, die ruig en regenachtig is. Zephyrus weerhoudt Odysseus er bijna van het eiland van de Phaeaken te bereiken.

ZEUS: de "vader" en de koning van alle goden. Hij gebruikt bliksem-schichten om iedereen te straffen die hij ook

maar schuldig acht. Hij wordt gevreesd en aanbeden, door zowel goden als mensen.

Zeus

INHOUD

Geronimo Stilton

JOE CARROT

1. Eén minuut voor middernacht
2. De Vuurpijl

Thea Stilton

1. De Drakencode
2. De Thea Sisters op avontuur
3. De sprekende berg
4. De Thea Sisters in Parijs
5. De verborgen stad
6. Het ijzingwekkende geheim

Stripboeken Thea Stilton:
1. De orka van Walviseiland

OSCaR TORTUGa

1. Losgeld voor Geronimo
2. Wie wint Geronimo?
   (Om op te eten...)
3. De schat van kapitein Kwelgeest
4. Blijf met je poten van mijn goud af!

Klassiekers:
* De drie muisketiers (NL)
  De drie musketiers (BE)
* De reis om de wereld in 80 dagen
* Het zwaard in de steen (NL)
  Koning Arthur (BE)
* Schateiland (NL)
  Schatteneiland (BE)
* Het jungleboek
* Onder moeders vleugels

Overig:
* Geronimo Stilton - Dagboek
* Geronimo Stilton
  T-shirt met chocoladegeur
* Geronimo Stilton
  Verjaardagskalender
* Geronimo Stilton - Vriendenboek

Alle boeken zijn te koop via de boekhandel of te bestellen via de website.

Lieve knaagdiervrienden,
tot een volgend avontuur,
een avontuur met snorharen!
Erewoord van

Geronimo Stilton!

DE GODEN VAN DE OLYMPUS

HERA

Vrouw van Zeus.
Beschermster van
het huwelijk.

ZEUS

Vader van de goden.
God van de hemel
en de bliksem.

ARTEMIS

Dochter van Zeus.
Godin van de jacht,
het woud en de maan.

HERMES

Boodschapper van de
goden en beschermer
van reizigers.
God van de handel.

ATHENE

Dochter van Zeus.
Godin van de wijsheid
en de krijgskunst.